빛깔있는 책들 ●●●
127

불국사

Pulguksa

글|김상현, 김동현, 곽동석 ● 사진 김종섭, 곽동석

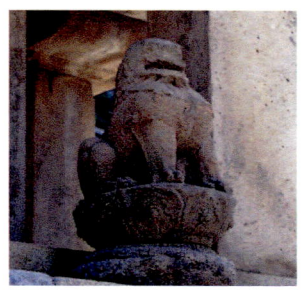

대원사

저자 소개

연혁-김상현

경상대학교 임학과 졸업, 단국대학교 대학원 사학과에서 문학석사를 취득, 동국대학교 대학원 사학과에서 박사학위를 받았다. 단국대학교·동국대학교·한국교원대학교 역사교육과 교수, 동국대 신라문화 연구소장을 역임하였다. 저서로 『신라 화엄 사상사 연구』, 『한국의 사찰』(총10권, 공저) 등이 있고 「석불사 및 불국사의 연구」 등 다수의 논문이 있다.

건축-김동현

한양대학교 건축과, 홍익대학교 대학원 건축공학과를 졸업하였고 일본 동경대학교 대학원에서 연수하였다. 경주고적 발굴조사단장을 역임하였고, 문화재전문위원·문화재연구소·보존과학연구실장·대한건축학회 역사분과위원장으로 활동했다. 저서로는 『한국 고건축 단장』, 『불국사』 등 여러 책과 논문들이 있다.

유물-곽동석

부산대학교 사학과를 졸업하였고, 한국정신문화연구원 한국학대학원 예술학과에서 미술사를 전공하였다(석사). 국립중앙박물관 학예연구사, 국립경주박물관 및 국립전주박물관 학예연구관을 거쳐 국립공주박물관장을 역임했다. 주요 논문으로 「신라 불상의 연구」, 「고려 경상의 도상적 고찰」, 「준제관음·백의관음 선각 방형 경상의 도상 해석―중국 준제관음 도상의 신해석」, 「동문선과 고려시대의 불교 조각」 등 여러 편이 있다.

사진-김종섭

본사 사진부 차장

차 례

불국사

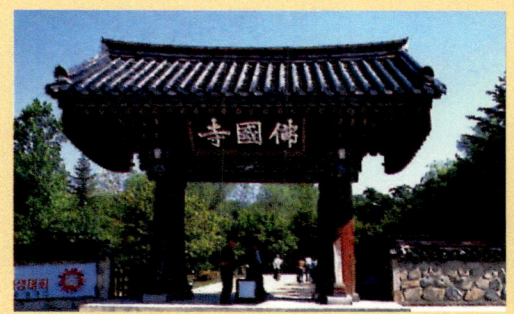

창건의 정신

불국에서의 손짓

이 세상 사바세계는 근심도 많고 고통도 많다. 그러기에 이 풍진 세상을 '고통의 바다'라고 한다. 무명의 미친 바람은 파도를 일으키고, 난파당한 중생들은 물결 따라 부침(浮沈)한다. 이 세상은 예토(穢土), 욕심으로 오염된 땅. 그러기에 근심 걱정 없는 나라, 깨끗한 부처님의 나라 불국토는 우리들을 손짓해 부른다. 약속의 땅, 그곳은 정토(淨土)다. 깨끗한 땅이다. 거친 파도 넘어서 있는 저쪽 언덕, 피안(彼岸)의 땅이다. 표훈(表訓) 스님은 말했었다. "사바세계는 연화장세계(蓮華藏世界)를 근본으로 삼는다."라고. 난파당한 사람들에게는 피안의 등대가 희망이듯이 사바세계의 부침하는 사람들에게는 불국토 연화장세계가 등대이기에 표훈 스님은 그렇게 말했을 것이다.

불국사, 그것은 흔한 절 이름이 아니다. 이 거친 사바세계에 우뚝 선 불국 세계의 상징이다. 험한 세상 살아가는 사람들에게 희망을 주기 위한 배려에서 건설한 부처님의 나라이다. 그 나라는 높은 석축 기단 위에

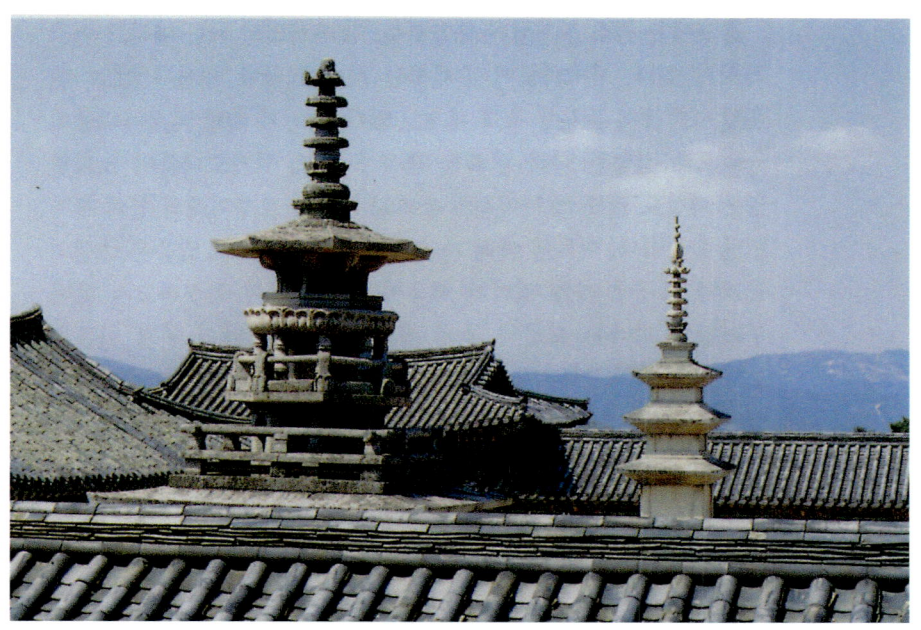

회랑 지붕 너머로 본 불국사 내정(內庭) 불국사를 상징하는 다보탑과 석가탑은 창사 (創寺)의 정신을 드러내는 조형물이다. 곧 다보여래와 석가여래를 동시에 보여 주어 이곳이 바로 석가여래를 다보여래가 증명했던 영산이라는 개념이 성립하는 것이다. 그동안의 많은 전란과 피폐 속에서도 이 두 탑만은 그 원형을 유지하여 오늘에 이르고 있다.

건설되었다. 불국을 떠받들어 지탱하는 석단은 상하 2층으로 되었는데 하층은 거대한 자연석을, 상층은 원래 크고 작은 냇돌을 쌓아서 안정감 을 주었다. 이로써 부처님의 나라는 군건하게 구축되고 높이 솟아 아름 답게 빛나는 것이다. 석단은 아래의 사바세계와 위의 불국 정토로 구분 했다. 석단 아래는 연못이 있어 사바세계 차안(此岸)과 불국 세계 피안 (彼岸)으로 나누어 놓고 있다. 연못 속에는 불국 세계의 휘황한 누각과 탑이 아롱져 꿈결인 양 손짓하고 있었다.

불교에는 여러 부처님이 등장하듯 그 부처님이 사는 나라도 여러 가지가 있다. 아미타불이 주재하는 서방의 극락세계가 있고, 먼 훗날 미륵불이 출현할 용화세계도 있다. 그런가 하면 비로자나불의 공덕으로 장엄한 나라 연화장세계가 있고, 석가모니불이 교화한 영산회상도 있다. 약사여래의 유리광 세계와 보생여래의 환희세계 또한 불국이다. 이처럼 여러 가지의 불국이 표현되고 있음은 중생의 끈기와 요구에 따른 것이기 때문이다. 김대성이 건설하고자 했던 부처님의 나라는 화엄의 불국 세계였다. 신라 때의 원래 이름은 '화엄 불국사(華嚴佛國寺)'였는데, 이는 최치원(崔致遠)의 '화엄불국사아미타불화상찬'으로 알 수 있다. 최치원은 절 이름 '화엄 불국'에 깊은 뜻이 있다고 하면서 다음과 같이 읊었다.

東海東山有佳寺	동해 동산에 아름다운 절 있어
華嚴佛國爲名號	화엄 불국이라 이름하였네.
主人宗衮親修置	주인종곤이 친히 세우니
標題四語有深義	절 이름 네 마디에 깊은 뜻 있네.
華嚴寓目瞻蓮藏	화엄을 주시하며 연화장을 우러르고
佛國馳心係安養	불국에 달리는 마음 안양에 관심 두네.
欲使魔山平毒嶂	마산의 독한 기운 소멸하고자
終令苦海無驚浪	끝내 고해의 거친 파도 잠잠케 했네.

화엄 불국이란 '화엄의 불국토'란 의미다. 화엄의 세계는 비로자나불의 세계이고 온갖 꽃으로 장엄된 세계이다. 화엄의 불국토는 국토해(國土海)와 세계해(世界海)로 구분 설명된다. 붓다 깨달음의 세계, 해인 삼매(海仁三昧)로 깨달아 얻은 비로자나불의 세계, 언어로는 설명할 수 없는 본질적인 세계가 국토해다. 침묵하는 비로자나불을 대신하여 보현

보살은 그 깨달음의 세계를 언어로 표현했다. 이것이 곧 화엄 삼매(華嚴三昧)에 의해 설해지는 세계해고, 곧 연화장세계이다. 석굴암이 국토해의 상징적 표현이라면 불국사는 세계해의 표틀이다.

불국사가 화엄의 연화장세계에 대한 상징적 표현임은 두루 알려진 사실이다. 그런데 불국사의 가람 배치에는 연화장세계와 더불어 석가불의 영산 불국(靈山佛國)과 아미타불의 극락세계 등을 동시에 보여 주고 있어서 주목할 만하다. 비로전, 무설전 등은 비로자나불의 침묵을 상징하는 화엄적 표현이다. 석가탑과 다보탑은 『법화경(法華經)』에 토대한 석가불의 사바세계 불국을 그리고, 안양문과 극락전은 『아미타경』에 근거한 극락세계 정토를 각각 표현한 것으로 알려져 있다.

석가여래는 사바세계에서 『법화경』을 설하셨다. 그때 부처님 앞에 칠보로 장식된 다보탑이 솟아 있고 그 탑 속에서 말했다. "석가모니 세존께서 『묘법연화경』으로 설법하시니 그가 말하는 것은 모두 진실이다."라고. 이처럼 다보여래의 탑도 『법화경』을 들으려고 땅에서 솟아나 찬탄했던 것이다. 그리고 곧 사바세계는 청정한 불국토로 변했고, 석가모니불께서는 시방세계에 있는 분신의 모든 부처님을 청하고, 그 앉을 자리를 위해서 8방의 국토를 청정케 하시었다.

이는 『법화경』 '견보탑품'의 내용이다. 불국사의 석가탑은 석가여래를, 이 탑 주위의 8방 금강좌(八方金剛座)는 브처님의 분신이 앉았던 자리를, 다보탑은 다보여래를 각각 상징하는 것이었다. 서쪽에 자리한 극락전은 아미타불이 계시는 서방의 극락세계를 상징하고 있다. 그런데 극락전이 있는 구역은 대웅전이 위치한 곳에 비해 낮은 곳으로 설정하였다. 아미타 불국은 일승(一乘)과 삼승(三乘)이 같지 않다. 삼승에 의하면 서방

정토지만 일승에 의하면 세계해에 포섭되기 때문이다. 이것이 화엄 불국사 가운데 아미타 불국을 함께 설정할 수 있었던 이유일 것이다.

불국은 우리들을 향해 손짓하고 있다. 그곳은 우리들이 가야 할 목표의 나라다. 갖가지 공덕의 꽃으로 장엄된 불국 세계를 건설한 뜻은 이 세상을 공덕의 꽃으로 가꾸고 꾸미려는 원력의 표현이다.

불국으로 가는 계단

화엄 불국은 온갖 꽃으로 장엄된 부처님의 나라다. 그 온갖 꽃을 '잡화(雜花)'라고도 했다. 꽃은 행덕(行德)의 상징이다. 온갖 원행과 온갖 공덕이 모여서 꽃으로 피어난다. 잡화 가운데는 이름 모를 꽃도 있듯이 크고 작은 공덕들이 모여서 아름다운 나라를 이룩하고 있는 것이다. 비로자나불의 공덕으로 장엄된 나라, 그 화엄 불국으로 향해 가는 길은 두 곳으로 나 있다. 백운(白雲), 청운(淸雲)의 두 다리를 건너고 33계단을 차례로 밟고 올라 대웅전 앞 자하문(紫霞門)으로 향해 가는 길과 연화(蓮花), 칠보(七寶)의 두 다리를 건너고 연꽃이 새겨진 계단을 차례로 밟고 올라 안양문(安養門)을 통과해 극락전으로 나아가는 길이 그것이다.

그 다리와 계단 들은 보살의 수행 계위를 상징한 것으로 생각된다. 보살의 수행은 52단계를 거쳐서 불과인 묘각(妙覺)에 이른다. 십신(十信), 십주(十住), 십행(十行), 십회향(十回向), 십지(十地) 등의 50계위와 등각(等覺), 묘각이 그것이다. 부처님의 나라로 향해 가는 길은 공덕의 계단을 밟아 올라가는 것이며, 공덕의 한 계단 한 계단은 공덕의 꽃을 스스로 피워가는 보살의 행이기도 하다.

지금 불국사에는 자하문으로 통하는 청운교, 백운교 그리고 안양문으로 향해서 난 연화교와 칠보교도 다 막혀 있다. 그런데 관람권 한 장이면 쉽게 불국사의 허리를 뚫고 난 길로 다보탑이 솟아 있는 불국 세계에 이른다. 수행의 계단을 차례로 땀 흘려 오르는 노력이 없는 사람들에게 비친 불국사는 또 하나의 시끄러운 사바서계일 뿐이고, 무설전에서 울리는 침묵의 법음(法音)을 듣기 어렵다. 불국에 이르는 문은 공덕을 쌓는 수행에 의해서만 열린다.

불국사 창건 설화에는 두세 가지 공덕이 특히 강조되고 있다. 보시(布施)와 비원(悲願)과 효행이 그것이다. 창건 설화에 나오는 전생의 대성은 몹시도 가난했다. 그러나 고용살이로 얻었던 밭을 육륜회(六輪會)에 보시함으로써 재상가에 새롭게 태어날 수 있었다. 하나를 보시해서 만 배를 얻을 것이라고 했던 점개(漸開)의 축원은 어린 대성의 마음을 흔들어 놓았었다.

차안으로부터 피안의 세계로 건네 주는 6종의 다리가 있다. 보시, 지계, 인욕, 정진, 선정, 지혜의 6바라밀(六波羅蜜)이 그 다리이다. 보시는 6바라밀 가운데 하나다. 보시에는 재시(財施)와 법시(法施)와 무외시(無畏施)가 있다. 대성과 그 어머니는 재시를 했지만, 그것이 육륜회라는 법회에 쓰여짐으로써 법시를 도운 것이기도 했다. 자기의 재물을 선뜻 내놓아 희사하기란 쉬운 일이 아니다. 그 어려운 일을 어린 대성은 실천에 옮겼고, 그 공덕으로 재상가에 태어날 수 있었다고 설화는 강조하고 있다. 보시는 중요하다. 남에게 베풀어 주는 일에는 재물을 드리지 않고도 가능한 경우가 있다. 부드럽고 다정하고 그리고 빛나는 눈으로 기쁨을 주는 일을 '안시(眼施)'라고 한다. 또한 얼굴로도 보시할 수 있고, 따뜻한 말씨로도 상대방의 마음을 훈훈히 녹일 수 있다. 이러한 작은 일도 이 세상을 곱게 장식하는 한 떨기 꽃이 된다.

대성은 곰 사냥을 계기로 불교에 귀의했고, 더욱 비원이 깊어져 불국

자하문과 청운·백운교 불국사의 주요 전각에 이르는 길은 청운교와 백운교를 지나 대웅전 앞의 자하문으로 가는 길과 연화, 칠보의 두 다리를 건너 안양문을 통과해 극락전으로 나아가는 두 가지 길이 있다.

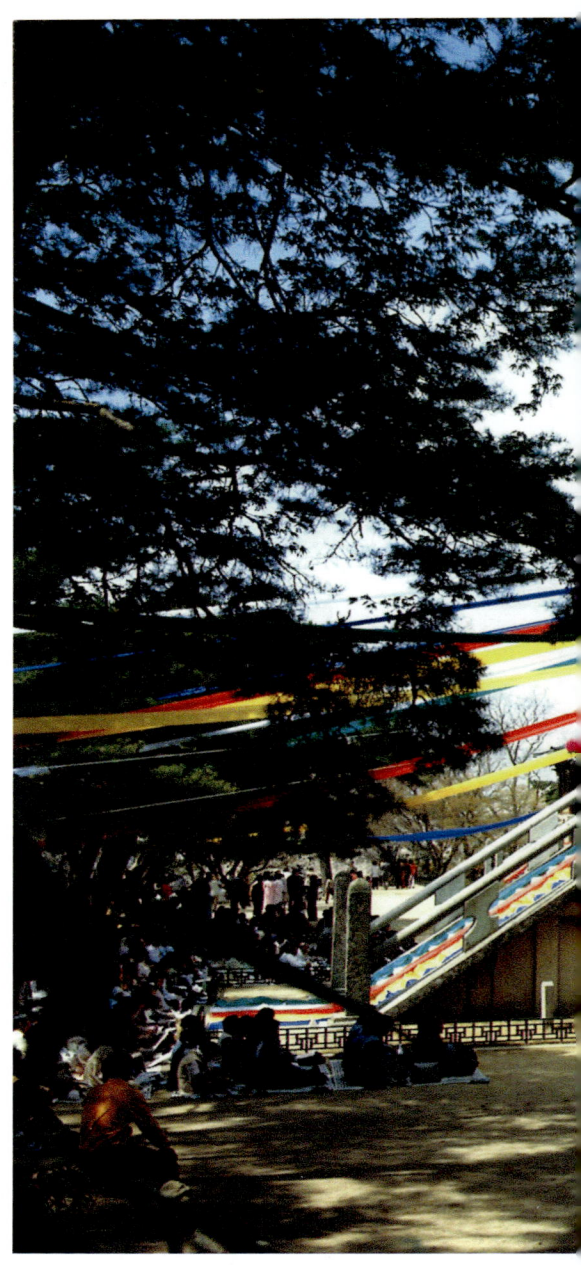

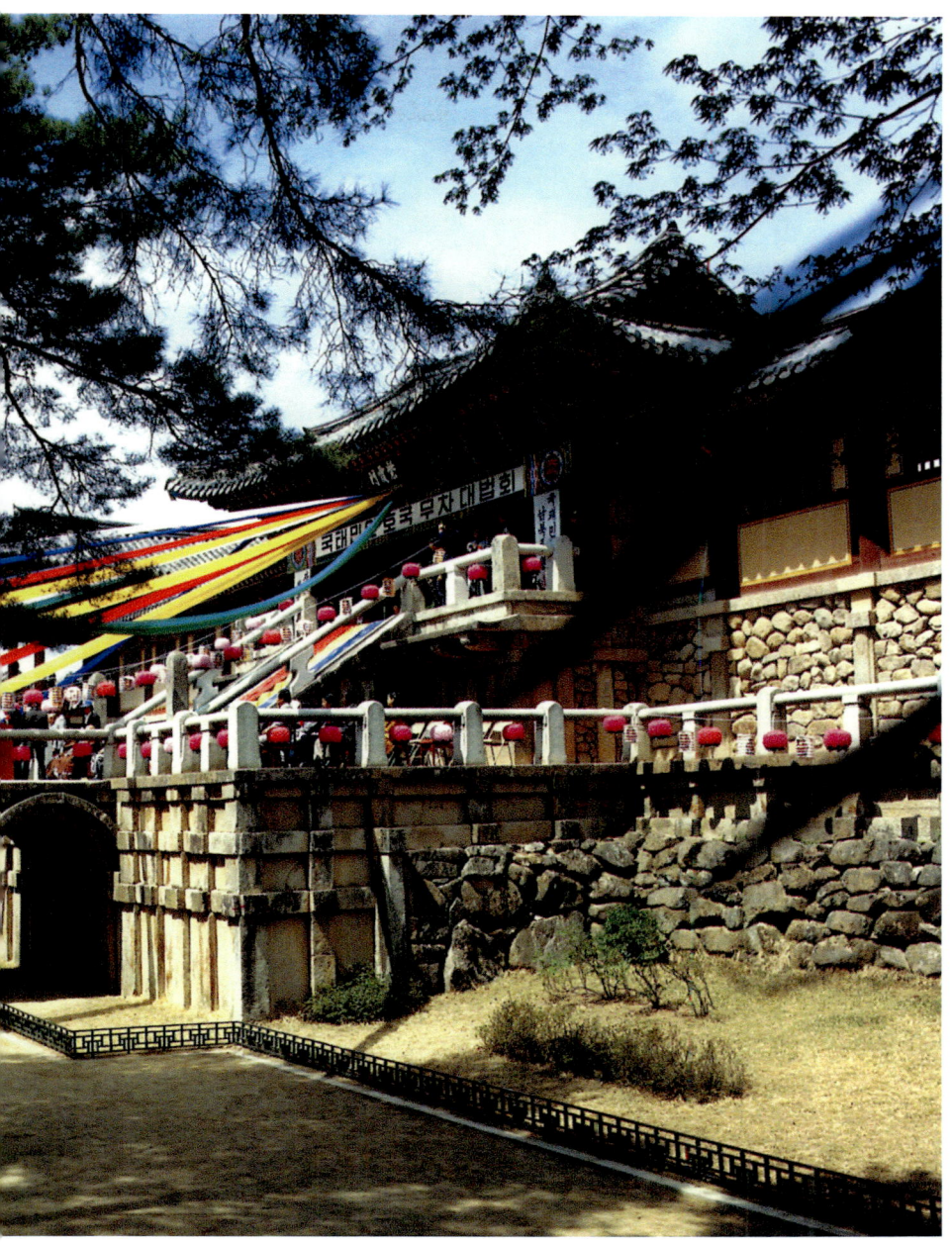

사와 석굴암을 창건하게 되었다고 한다.

불보살이 중생을 제도하려는 대자비심으로 세운 서원을 '비원'이라고 한다. 아미타불의 48원, 약사여래의 12대원 그리고 우리들의 사홍서원 등이 비원이다. 사홍서원을 '피갑(被甲)'이라 번역하기도 하는데, 보살의 사홍서원은 마치 갑옷을 입은 것과 같기 때문이다. 중생을 건지고 불도를 이룩하려는 굳건한 원은 튼튼한 갑옷을 입은 것과도 같은 것이다. 원효(元曉)는 "원심(願心)에 동요가 없는 것을 안주(安住)라고 한다."고 한 바 있다. 원은 우리를 이끌어 가는 희망의 손짓이고 깃발이다. 비원은 선심(善心)이다. 중생을 생사의 바다에서 건네주는 배와 뗏목이다. 불국은 부처님의 원력에 의해 성취된 나라다. 불국사는 대성의 원력에 의해 이룩된 것이다.

대성은 부모의 은혜를 갚기 위해 불사를 일으켰다고 한다. 곧 전생의 부모를 위해서 석불사를, 금생의 부모를 위해서 불국사를 창건했다고 한다. 또한 『향전(鄕傳)』에서는 "수많은 불보살을 설치하여 양육한 수고를 갚았으니, 한 몸으로 이세의 부모에게 효도한 것은 옛적에도 듣기 드문 일이다. 어찌 착한 보시의 영험을 믿지 않겠는가?"고 평했다. '대성효이세부모(大城孝二世父母)'라는 제목을 붙여 '효선편(孝善篇)'에 편입했던 일연의 의도도 대성의 부모에 대한 보은에 주목했기 때문이다.

불교에서도 부모에 대한 효성은 강조되었는데, 복전(福田) 가운데의 '은전(恩田)'으로 표현되기도 했다. 부모의 은혜를 알고 그 은혜에 보답하는 노력은 밭에 씨를 뿌려 수확하듯 훌륭한 공덕이 된다는 것이다. 훌륭한 일을 함으로써 부모의 은혜에 보답하게 되는데, 주로 불도를 닦거나 불사를 이룩하는 것이 곧 훌륭한 일이다. 이것이 불교에서 생각한 효도인 듯하다. 김대성이 불국사를 창건해서 부모의 은혜에 보답했다는 것이 곧 이 경우다.

불국사 창건

창건 시기

불국사 창건에 대해 언급하고 있는 기록으로는 『삼국유사(三國遺事)』,
『불국사사적(佛國寺事蹟)』, 『불국사고금창기(佛國寺古今創記)』 등이 있다.
『불국사사적』 및 『불국사고금창기』에 의하면, 불국사는 신라 불교가 공
인되던 해인 법흥왕 15년(528)에 창건되고, 경덕왕대에 김대성에 의해
중창되었다고 한다. 그러나 『삼국유사』에는 751년(경덕왕 10)에 김대성
이 창건을 시작했다고 해서 문제가 된다. 『불국사사적』 및 『불국사고금
창기』는 그 사료적 가치에 의문이 있는데, 특히 경덕왕대 이전의 기록에
는 『삼국유사』의 기록을 토대로 하여 뒷날에 윤색한 흔적이 보인다. 『불
국사사적』은 1046년에 일연(一然)이 지었다고 하는데, 이것 역시 『삼국
유사』를 토대로 후세 사람이 윤색한 것을 일연이 쓴 것인 양 꾸민 것이
다. 1046년은 일연(1206~1289년)이 태어나기 150년이나 먼저고, 『삼국
유사』 기록과 『불국사사적』의 내용이 서로 틀리는 등의 문제가 있기 때
문이다.

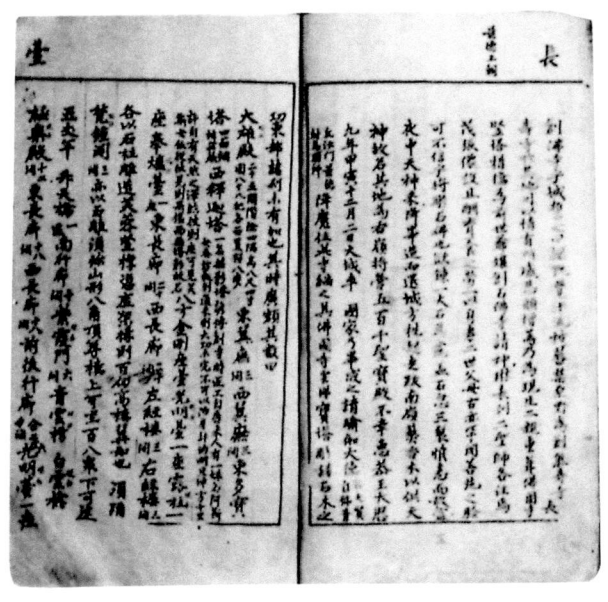

불국사고금창기 1740년에 활암이 쓴 것으로 창건 역사, 중창 과정과 단월 등에 대해서도 자세히 적고 있다(『불국사 복원공사보고서』, 문화재관리국).

1740년(영조 16) 활암(活庵)이 쓴 『불국사고금창기』는 착오가 많으며, 옛 기록을 고의적으로 고쳐 쓴 경우도 있다. 조선시대 이후의 기록은 주목되는 것이 많지만 역시 경덕왕 이전의 기록은 그대로 믿기 어렵다. 따라서 법흥왕대에 불국사가 창건되었다는 설을 그대로 믿기는 어렵다. 경덕왕 때의 재상 김대성이 751년에 불국사를 창건하기 시작했고 774년에 세상을 떠나자 국가에서 이를 맡아서 완성시켰다는 『삼국유사』에 인용된 '사중기'의 기록이 사실인 것 같다. 우선 이 기록은 불국사나 석굴암에 전하는 석조 유물의 미술사적 연대와도 부합한다. 8세기 중엽 이전의 작품으로 생각되는 것은 없기 때문이다. 또한 최치원의 '화엄불국사아미타불화상찬'에 의하면 비구가 보시를 설함에 간월인 김승상(金조相)이 따르기를 기약하고 절을 세웠다고 한다. 김승상은 재상 김대성을 가리킨 듯한데, 결국 『삼국유사』에 전하는 창건 설화와 비슷한 문맥이라고 할 수 있겠다.

　김대성은 774년(혜공왕 10) 12월에 죽었다. 불국사 창건을 시작한 지 24년의 세월이 흘렀음에도 완성을 보지 못하였다. 그 뒤 국가가 이를 완성했다고 하지만 완성의 정확한 시기를 모른다. 그런데 19세기 중반경 불국사에는 39년 만에 완성되었다는 설이 있었다. 이종상(李鍾祥, 1799~?)의 시 '등불국범영루(登佛國泛影樓)' 가운데 "스님은 39년에 완성했다 하네"라는 구절이 보이기 때문이다. 김대성이 죽은 해인 혜공왕 10년을 전후한 시기는 심한 정치적 혼란이 있었고, 선덕왕이 재위하던 6년간도 마찬가지였다. 이러한 당시 상황을 감안할 때 비록 후대의 기록이지만 불국사가 39년 만인 원성왕 6년(790)에 완공되었을 가능성마저 배제하기는 어렵다. 물론 대부분이 김대성에 의해 이루어져 있었을 것임은 말할 것도 없다.

창건설화

『삼국유사』 가운데 '대성효이세부모조'는 불국사와 석굴암의 창건 연기 설화를 전해 주고 있다. 거기에 인용된 『향전』의 내용은 다음과 같다.

　모량리의 가난한 여인 경조(慶祖)에게 아이가 있었는데, 머리가 크고 이마가 평평해 성과 같았다. 그래서 대성이라고 이름했다. 집이 궁색하여 생활할 수 없어 부자 복안(福安)의 집에 품팔이를 하고, 그 집에서 준

약간의 밭으로 의식의 자료로 삼았다.

어느날 점개 스님이 육륜회를 흥륜사에서 열고자 하여 복안의 집에 와서 시주를 권했다. 복안이 베 50필을 시주함에 점개가 축원했다. "신도께서 보시를 좋아하니, 천신이 항상 수호하소서. 하나의 보시로 만 배를 얻고 안락하게 장수하소서." 대성이 이를 듣고 뛰어 들어가 어머니에게 말했다. "제가 문밖에서 스님이 축원하는 것을 들으니, 하나를 보시하면 만 배를 얻는다고 합니다. 생각건대 우리가 전생에 선한 일을 못 했기에 지금 이렇게 가난한 것인데, 지금 또 보시하지 않는다면 내세에는 더욱 가난할 것이니, 제가 고용살이로 얻은 밭을 법회에 보시하여 훗날의 과보를 도모함이 어떠하겠습니까?" 어머니도 좋다고 하여 그 밭을 점개에게 보시했다.

얼마 뒤 대성이 죽었는데, 그날 밤 재상 김문량(金文亮)의 집에 하늘의 외침이 있어 "모량리 대성이란 아이가 지금 너의 집에 태어날 것이다."고 했다. 집안 사람들이 놀라 사람을 시켜 찾아보도록 하였더니, 대성이 과연 죽었는데 외침이 있던 때에 임신하여 아이를 낳으니 왼손을 쥐고 펴지 않다가 7일 만에 폈다. '대성'이라고 새긴 금패쪽이 있어 또 '대성'이라고 이름했다. 그 어머니를 모셔다가 함께 봉양하였다.

이미 장성하자 사냥을 좋아하였다. 하루는 토함산에 올라 곰 한 마리를 잡고 산 아랫마을에서 잤다. 꿈에 곰이 귀신으로 변하여 시비를 했다. "네가 어째서 나를 죽였느냐? 내가 도리어 너를 잡아먹겠다." 대성이 두려워 용서를 빌었다. 귀신이 말했다. "나를 위하여 절을 세울 수 있겠느냐?" 대성은 그렇게 하겠다고 맹세하고 꿈을 깨니 땀이 흘러 자리를 적셨다. 이로부터 사냥을 금하고 곰을 위하여 그 곰을 잡았던 자리에 장수사를 세웠다.

이로 인하여 마음에 감동이 있고 자비로운 원력이 더욱 깊어 갔다. 그

중창의 역사

고려 및 조선 전기의 불국사

고려시대의 불국사에 관한 기록은 단편적인 한두 가지가 전할 뿐이다. 현종은 15년(1024)에 만소(萬紹), 신부(神府) 등에게 재를 베풀게 하고 토지 20결을 시납하고 중영했다. 그리고 명종은 2년(1172)에 비로전과 극락전의 기와를 갈도록 하고 관옥(觀玉)과 수란(秀蘭) 두 선사를 주석케 했다고 한다. 화엄종의 원경 왕사 낙진(樂眞, 1045~1114년)은 1108년에 불국사에 머물렀고, 또한 유가의 홍진 국사 혜영(惠永, 1228~1294년)이 1274년(원종 15)부터 2년 동안 이 절에서 산 적이 있다. 혜영이 잠시 주석했던 사실에 주목, 당시 불국사가 법상종에 소속되어 있었을 것이라고 보는 견해도 있지만 따르기 어렵다. 고려시대에도 불국사의 구름다리와 돌탑 등은 어느 절과도 비교할 수 없을 만큼 훌륭한 것으로 알려져 있었다. 이 때문에 많은 사람이 이 절을 찾았는데 이규보(李奎報), 이숭인(李崇仁), 이집(李集)의 아들 등이 불국사를 참배한 기록이 있다.

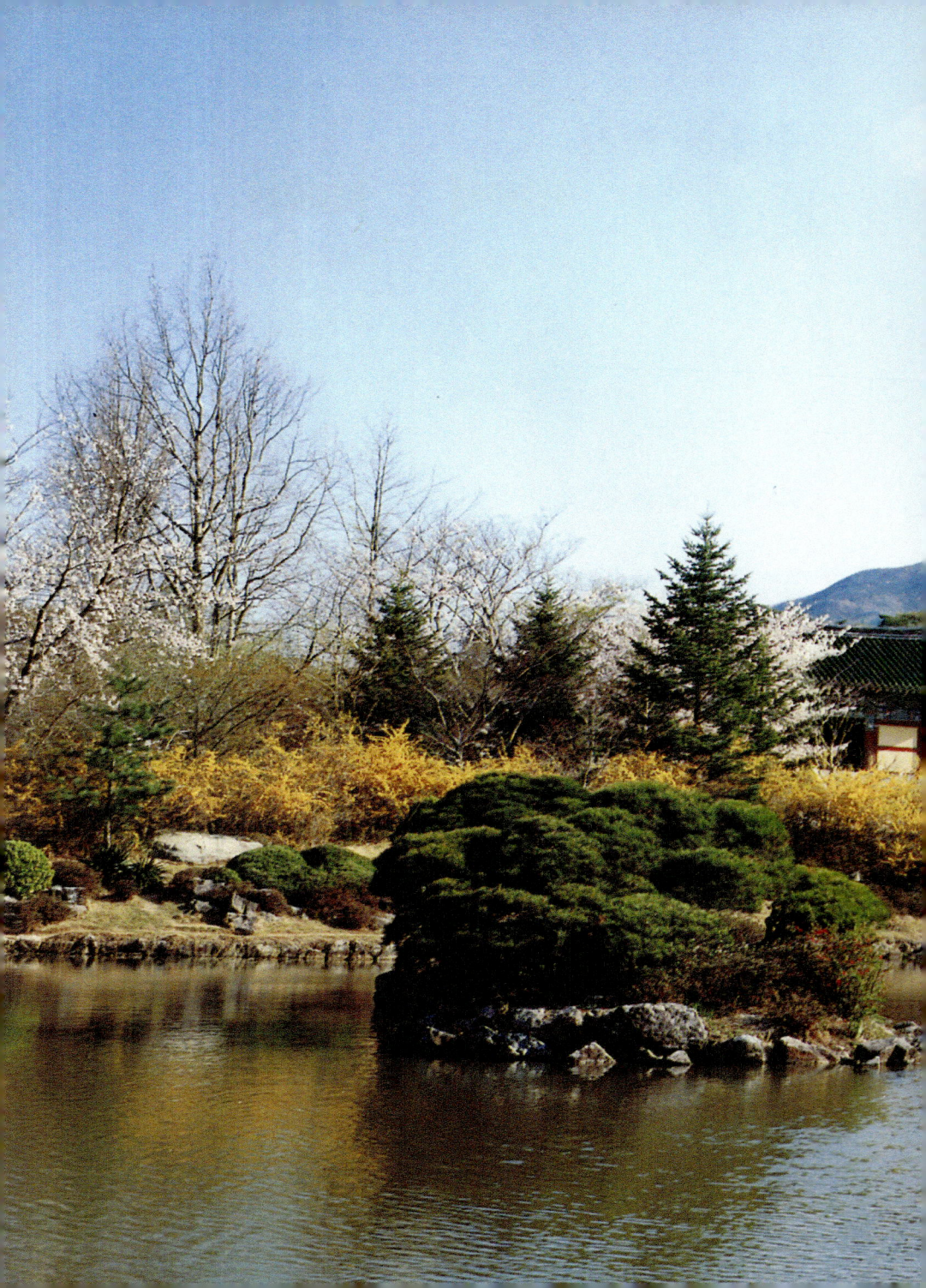

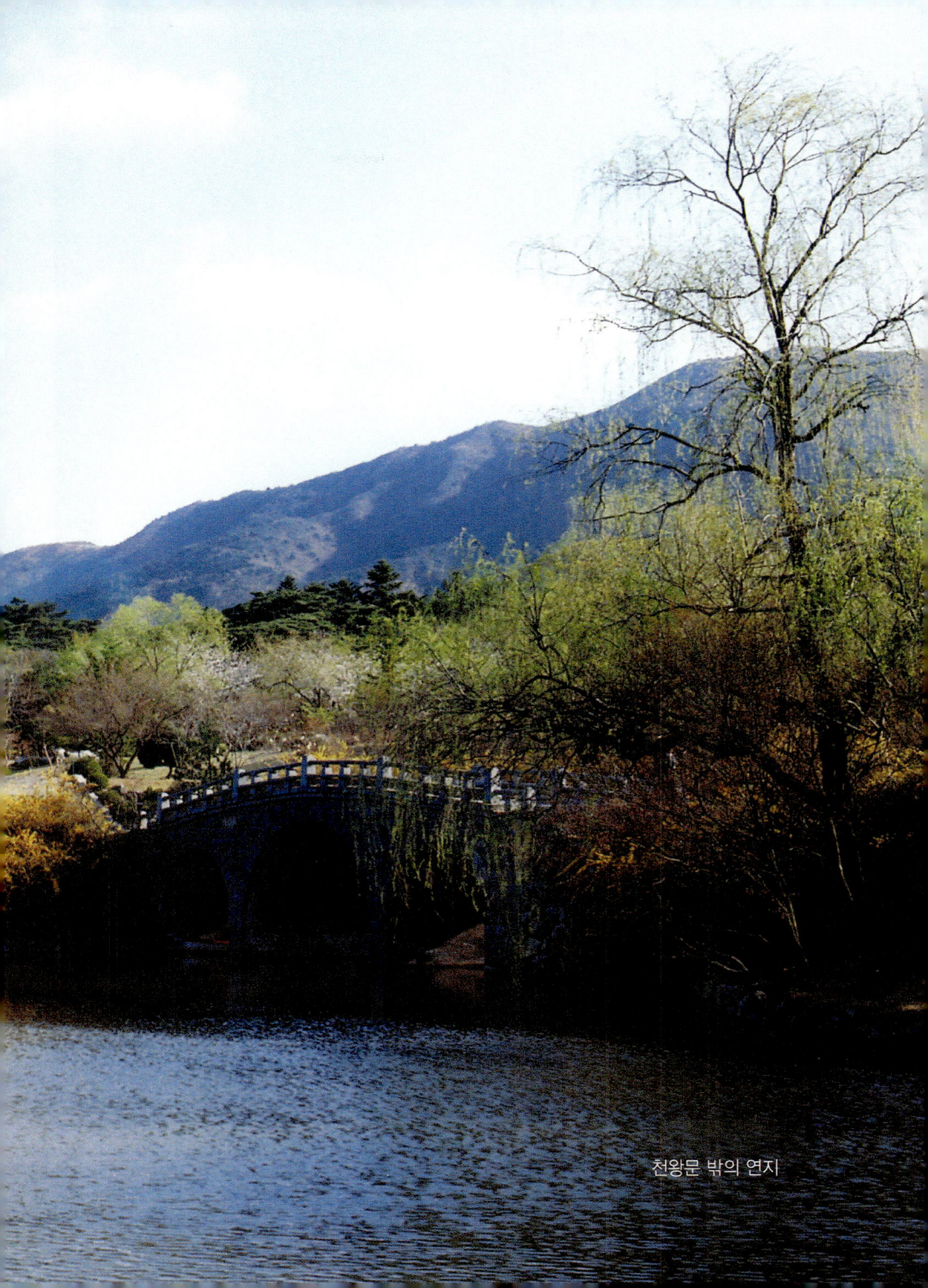

천왕문 밖의 연지

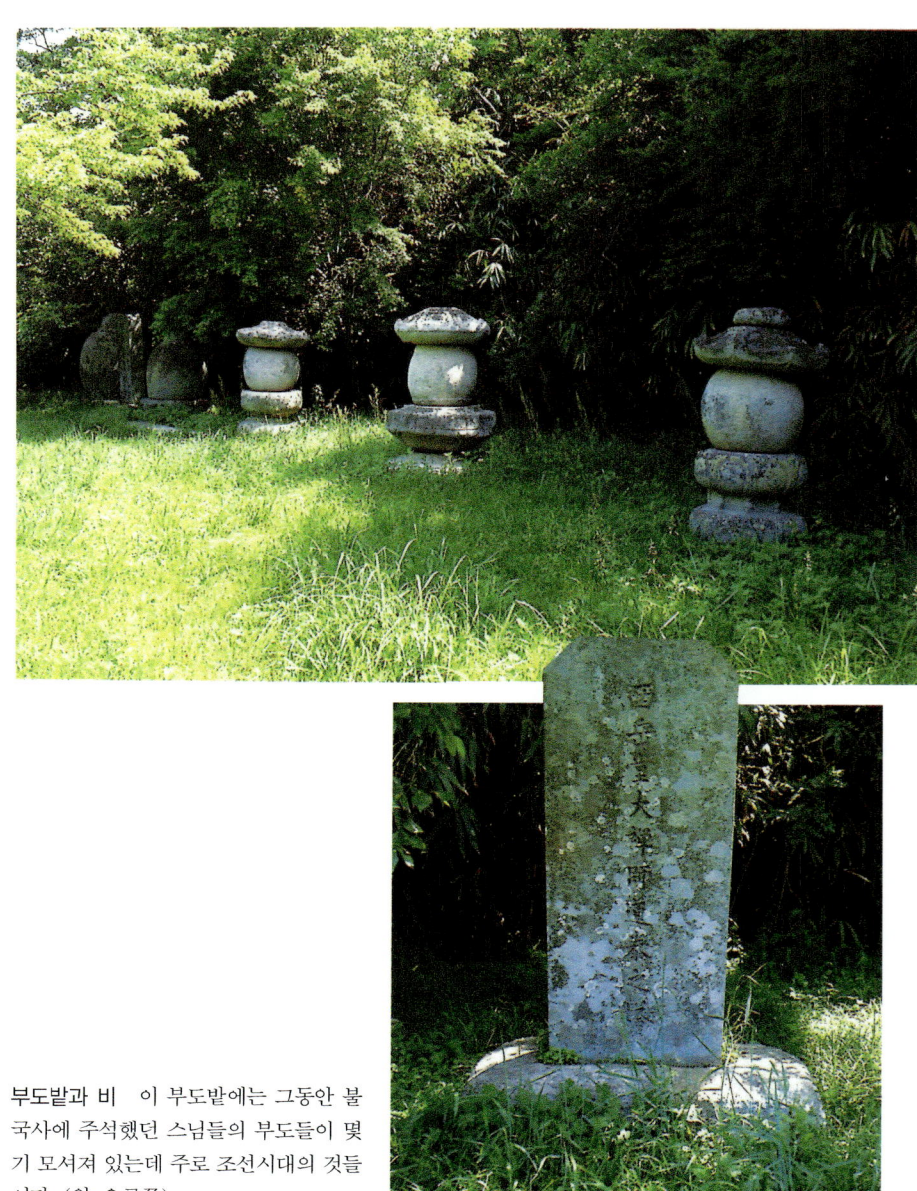

부도밭과 비 이 부도밭에는 그동안 불
국사에 주석했던 스님들의 부도들이 몇
기 모셔져 있는데 주로 조선시대의 것들
이다. (위, 오른쪽)

"돌 다듬어 만든 계단 작은 연못 누를 듯, 높고 낮은 누각들 잔잔히 아롱지네", 이는 조선 초기 김시습(金時習, 1435~1493년)의 시 〈불국사〉의 한 구절이다. 백운교 앞에 연못이 있고, 물속에 비친 누각들의 모습이 선하게 떠오르는 시다. 이덕홍(李德弘, ?~1596년)은 불국사에 대해서 다음의 기록을 남기기도 했다.

바위 위에 연지가 있고, 연못 북쪽에 나무 홈통의 비천(飛泉)이 수리를 흘러 석조에 떨어지고 있었다. 비천을 넘어 구름다리에 이르니 다리는 돌을 깎아 무지개와 같았다. 문으로 들어서니 전각과 석탑과 옛 불상 등이 천태만상으로 기이한데 모두 신라의 유둘이다.

이덕홍의 이 기록은 불국사가 임진왜란으로 참화를 입기 이전의 상황을 전해 주고 있어서 주목되지만 자세하지 못한 아쉬움이 있다. 세종 18년(1436)에 대웅전·관음전·자하문 등을 중수했고, 성종대에도 대웅전을 비롯한 각 전을 중수했다. 1514년에는 극락전의 벽화를, 1564년에는 대웅전을 각각 중수했다.

임진왜란의 참화와 복구

선조 26년(1593) 5월, 왜구가 침입해 노략질할 때 좌병사는 불국사 지장전(地藏殿) 벽 사이에 활과 칼 등을 감추었다. 왜구 수십 명이 불국사의 아름다움에 감탄하며 둘러보다가 무기가 감추어진 것을 보고는 불을 질렀다. 장수사에서 난을 피하고 있던 담화(曇華) 대사가 문도를 이끌고 달려왔지만 화마는 대웅전, 극락전 자하문을 제외한 2천여 칸의 건물을

삼켜 버렸다. 금동 불상과 옥으로 만든 물건과 석교와 석탑 등은 다행히 불길의 화를 면했다. 김대성이 24년의 정성을 쏟아서 건설했던, 또 850여 년 동안 수많은 사람의 귀의처이자 자랑이었던 불국이 야만 왜구의 손에 의해 한순간에 불타고 말았으니 기막힌 일이었다.

무도한 왜구는 부처님 나라에 불을 질렀지만, 신심과 원력 깊은 이 땅의 스님들이 또다시 불국을 복구하고 건설하기 시작한 것은 10여 년의 세월이 지난 1604년(선조 37)부터이다. 이로부터 150년 동안 복구와 중수의 불사는 계속되었다. 인욕과 정진의 땀방울로 이룩한 이 시기의 불사에 대해서는『불국사고금창기』의 기록이 비교적 자세한 편이다. 이를 간단히 정리해 보면 다음과 같다.

1604년(선조 37) : 해청(海淸)이 관음전 중창
1612년(광해군 4) : 해안(海眼)이 범종각, 좌·우경루, 남행랑 중건
1626년(인조 4) : 청언(淸彦)이 안양문 중건, 만월당 시창
1628년(인조 6) : 성체(聖體)가 동·서행랑, 문수전, 향로전 중건
1630년(인조 8) : 태호(泰湖)가 자하문 중수
1647년(인조 25) : 일오(一悟)가 나한전 건립
1648년(인조 26) : 해정(海淨)이 설법전 중건, 현진당 신창
1653년(효종 4) : 설해(雪海)가 극락전 탱화 조성
1660년(현종 1) : 덕우(德祐)가 비로전 중건 및 단청
1671년(현종 12) : 설청(雪聽)이 조사전 시창
1674년(현종 15) : 찰신(察信)이 문수전 중수, 문수·보현상 조성, 자형
              (自洞)이 조사전 창건
1676년(숙종 2): 극심(克心) 등이 화주가 되어 중행랑(中行廊) 중창
1677년(숙종 3) : 건탁(建鐸)의 화주로 동행랑 중창

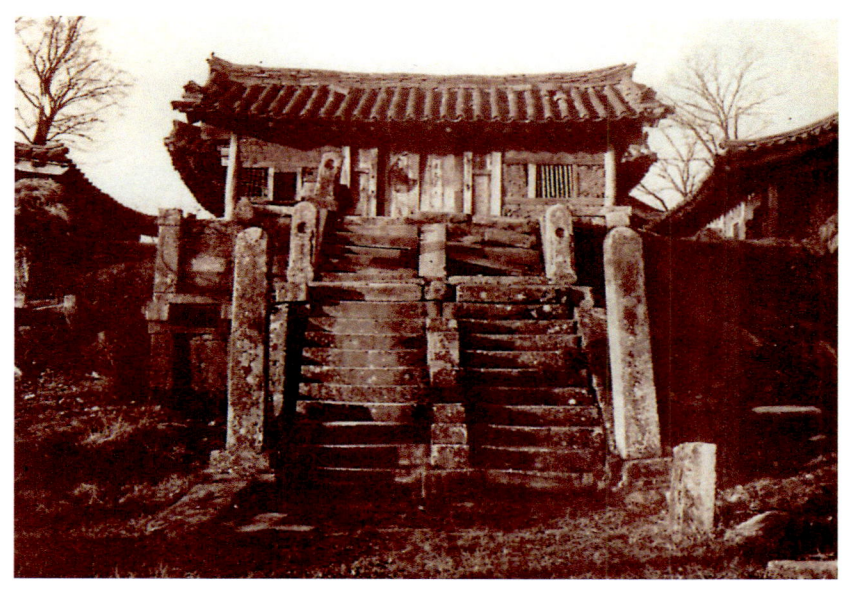

안양문 『조선고적도보』에 실린 퇴락한 안양문과 연화·칠보교이다.

1678년(숙종 4) : 찰신의 화주로 향로전 중수. 의준(義俊)은 동별당 중창

1681년(숙종 7) : 월송(月松)이 비로전 후불탱화 조성. 당시 숙종비 인
현왕후의 시주와 후원이 있었다.

1686년(숙종 12) : 경눌(敬訥) 등의 화주로 청운·백운교 중수

1688년(숙종 14) : 수미범종루 중창. 찬기(贊機)의 화주로 관음상 개금

1690년(숙종 16) : 혜림(惠林)이 법고(法鼓) 조성. 석인(釋仁) 등의 화주
로 좌경루 중건

1695년(숙종 21) : 명철(明哲) 등의 화주로 관음전 중창

1703년(숙종 29) : 천연(天然) 거사의 화주로 괘불 조성

1705년(숙종 31) : 운주(雲珠) 동행랑 중수

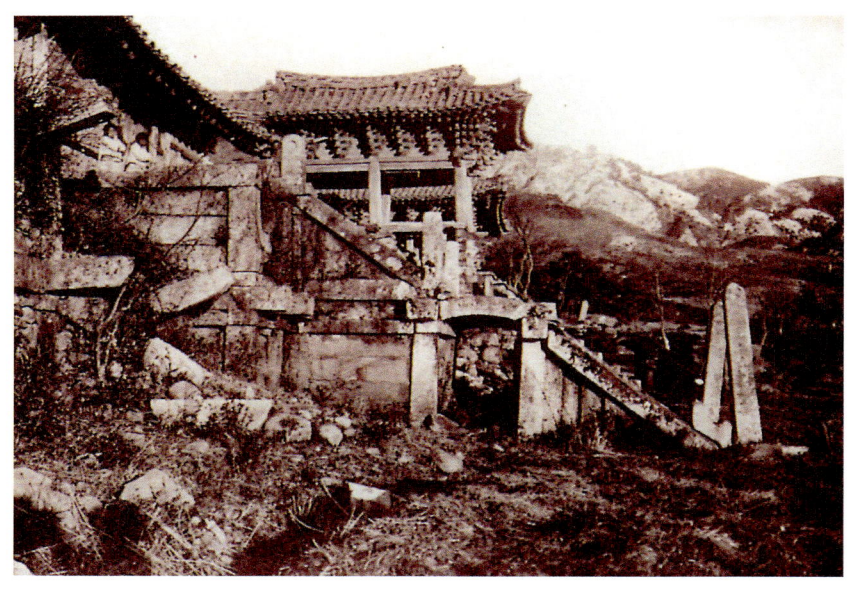

연화·칠보교 비교적 법도가 보존된 33계단의 연화, 칠보교이다. (『조선고적도보』)

1708년(숙종 34) : 회인(懷忍)이 고적판(古蹟板)을 개간함. 조영(祖英)의
화주로 자하문 및 범종각 단청 탁행(卓行) 등의 화주
로 무설전 수리

1709년(숙종 35) : 현진당(玄眞堂)과 만월당(萬月堂) 중창

1712년(숙종 38) : 회인(懷忍) 등의 화주로 시왕전 단청

1715년(숙종 41) : 두천(斗天)과 국역(國侶)의 화주로 우경루 중창. 계
청(戒聽) 등의 화주로 청운교와 백운교 중수

1716년(숙종 42) : 거사 법환(法還)이 시왕전 후불탱화 조성. 성행당(省
行堂) 이건

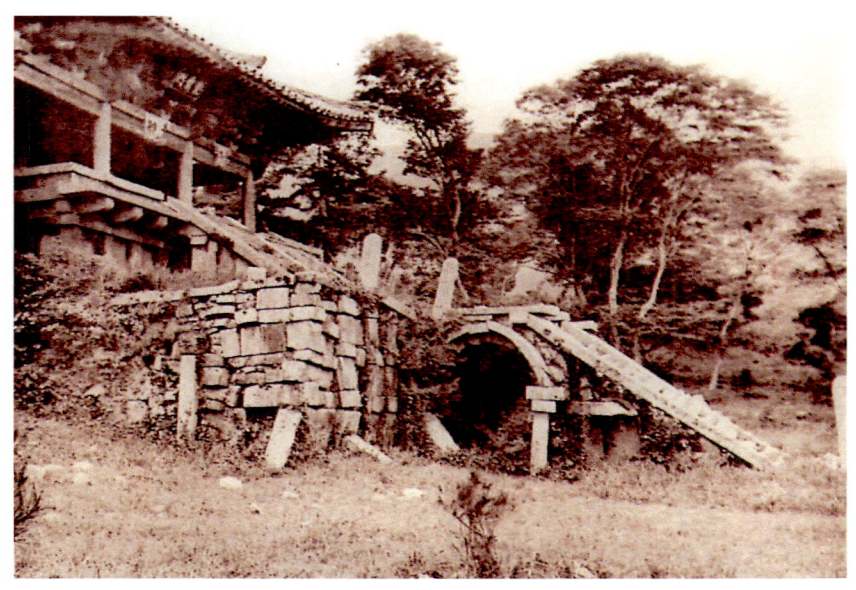

청운·백운교 석축은 기울었으나 홍예가 그대로 보존된 모습이다. (『조선고적도보』)

1718년(숙종 44) : 선청(善淸) 등의 화주로 관음전 단청. 수관(守寬)의
　　　　　　　 화주로 우경루 단청, 명월료 중창
1725년(영조 1) : 조사전 중창
1727년(영조 3) : 회인이 절 안에 정자 조성
1728년(영조 4) : 수흡(粹洽)의 화주로 대종(大鐘) 주성
1729년(영조 5) : 진덕(眞德)의 화주로 시왕전, 향로전, 남루 중창. 초
　　　　　　　 문(楚文) 등의 화주로 대웅전을 비롯 제전의 번와. 태
　　　　　　　 인(太仁)이 세 중료(衆寮)를 경루 밑으로 이건, 담장을
　　　　　　　 쌓음.

1730년(영조 6) : 회인이 대웅전 및 좌·우익랑 단청

1731년(영조 7) : 한세원(韓世元)이 시주하여 법당 동쪽에 첨성각 건립

1736년(영조 12) : 의경(義瓊)의 화주로 동행랑 중창

1737년(영조 13) : 거사 정행(淨行)의 화주로 안양문 중창

1740년(영조 16) : 거사 월화(月華)의 화주로 비로전 후불탱화 조성. 활
암(活庵)이 『불국사고금창기』 간행

1749년(영조 25) : 대인(大仁)이 일광당 선실 중건

1750년(영조 26) : 오환(悟還) 등의 화주로 극락전 중수

1760년(영조 36) : 달천(達天)의 화주로 나한전을 본래의 기초로 이건

1765년(영조 41) : 대웅전 중창

1767년(영조 43) : 대웅전 단청

1781년(정조 5) : 자하문 및 범종각 중수

이를 다시 주요 건물별로 정리해서 보면 다음과 같다.

대웅전 : 1659년 중수, 1730년 단청, 1765년 중창, 1767년 단청

자하문 : 1630년 중수, 1708년 단청, 1781년 중창

우경루 : 1612년 중창, 1715년 중수, 1718년 단호

좌경루 : 1612년 중창, 1690년 중수

범종각 : 1612년 중창, 1688년 중수, 1708년 단청, 1728년 대종 주성,
1781년 중창

무설전 : 1648년 중건, 1708년 수리

비로전 : 1660년 중건 및 단청, 1740년 탱화

관음전 : 1604년 중창, 1634년 관음상 개금, 1688년 개금, 1695년 중수,
1703년 후불탱화, 1715년 개금, 1718년 단청, 1769년 개금

향로전 : 1628년 중창, 1678년 중수, 1729년 중수

문수전 : 1628년 중건, 1674년 중수

나한전 : 1647년 시창, 1760년 본래 자리로 이전

시왕전 : 1674년 창건, 1716년 단청, 1716년 후불탱화, 1729년 중창

조사전 : 1671년 창건, 1725년 중창

명부전 : 1759년 중창

극락전 : 1653년 후불탱화, 1720년 단청, 1750년 중수, 1800년대 중창

안양문 : 1626년 중창, 1737년 중수

동행랑 : 1628년 중창, 1677년 중수, 1705년 중수, 1736년 중수

서행랑 : 1628년 중창, 중행랑 : 1676년 중창, 남행랑 : 1612년 중창

만월당 : 1626년 창건, 1709년 중수

현진당 : 1648년 창건, 1709년 중수

동별실 : 1678년 중창

성행당 : 1716년 이건

명월료 : 1718년 중창

첨성각 : 1731년 창건

광일당 : 1749년 중건

정자 : 1727년 창건

1767년 10월에는 임필대(任必大, 1709~1773년)가 그리고 12월에는 박종(朴琮, 1735~1793년)이 각각 불국사를 참배해 기록을 남긴 바 있다. 임필대는 불국사의 아름다움이 남쪽의 어떤 절에도 비길 바 아니라고 했다. 박종은 불국사에 관한 자세한 기록을 남겼는데 그 대략을 인용해 보면 다음과 같다.

백운교와 청운교가 끝난 곳에 자하문이 있고, 그 서쪽 10보쯤에 수미범종각이 있다. …이 누의 서쪽에는 안양문이 있는데 자하문과 같은 제도지만 좀 작다. …자하문 동쪽 10보쯤에는 동경루가 있고, 안양문의 서쪽 10보쯤에는 서경루가 있는데 그의 석주와 석축 역시 기묘하다. 자하문 내부는 대웅전 뜰로 되었으며, 뜰의 동서에는 탑이 있어 동쪽 것을 다보탑이라 하고… 서쪽 것을 무영탑이라고 한다. …대웅전 뒤에 무설전이 있고 또 그 뒤에는 극락전·원통전이 있고, 그 왼편에는 응진전, 오른편에는 명부전이 있다. …대웅전과 무설전 좌우에는 긴 행랑이 있었다고 하나 없어졌고… 삼미교, 화엄교, 육도교 등이 있었지만 온전하지 못하고 겨우 그 제도만 남아 있지만 기교가 대단했음을 알 수 있다. …석물, 누각, 불전이 10분의 1만 남아 있다. 남은 것이 이처럼 기이하고 아름다우니, 신라가 이를 처음 창건한 당시의 문물은 얼마나 찬란했을까? 대개 상상하고도 남음이 있다.

박종의 불국사 기행문은 상당히 자세하여 18세기 중반의 상황을 아는 데 많은 도움이 된다. 특히 우경루가 안양문 서쪽 10보쯤에 있다고 한 점('西慶樓'라고 했지만 이는 '西經樓'의 오기일 것이고, 또한 '우경루(右經樓)'를 가리키는 것임은 분명하다.)은 주목된다. 1970년대 초의 불국사 복원 공사 때 서경루만을 복원하고 우경루를 복원하지 못함으로써 불국사의 원형으로부터 크게 달라지고 균형을 잃게 된 사실을 일깨워 주기 때문이다. 더구나 범영루(泛影樓)가 우경루를 겸한 것으로 생각했던 것은 착오였다.

1973년의 복원 공사

20세기 초에 촬영된 불국사 사진이 있어 퇴락한 모습을 보여 주고 있다. 군데군데 무너진 석단, 그 위에 서 있는 자하문·범영루·안양문이 허전해 보이고, 석단 아래 연못은 이미 묻혀 더 이상 불국의 그림자를 비추지 못한 채 잡목이 자란 상태의 사진이다.

1923년 일인들의 손에 의해 범영루가 수리되고, 1925년에는 다보탑이 수리되었다. 계단과 다리도 고쳐지고 환경이 정비되기도 하는 등 1936년까지 여러 차례 이루어졌다. 그러나 ᅳ리 이전의 조사, 연구가 불충분했고 석단과 회랑지 등에 많은 변형이 초래되었다는 지적을 면치 못하고 있다.

1970년대 초에 불국사의 복원 공사가 대대적으로 이루어졌다. 1969년 5월 박정희 대통령은 불국사 복원을 지시했고, 이에 따라 곧 불국사 복원위원회가 발족되었다. 복원에 앞서 복원 건물터에 대한 발굴 및 실측 조사를 실시했는데 1969년 7월부터 10월까지였다. 대웅전 동쪽 회랑 부분, 서쪽 회랑 북반부, 무설전 및 그 주변, 극락전 북쪽 회랑지, 극락전 서쪽 회랑 북반부, 비로전과 그 주변, 관음전과 그 주변 등을 발굴했다. 그리고 10월 26일부터 40일간 구품 연지의 발굴을 추가로 실시했는데, 연못의 전모를 확인하지 않은 채 발굴을 중단하고 묻어 버린 것은 아쉬운 일이다.

복원 공사는 1970년 초부터 1973년 6월까지 3년 6개월에 이루어졌다.

복원 공사 이전에 대웅전, 극락전, 자하문, 범영루, 안양문 등이 남아 있었는데 범영루는 새로 짓고, 나머지는 부분적인 보수였다. 옛터에 무설전, 비로전, 관음전 등을 복원했고 범영루, 좌경루, 대웅전 일곽의 회랑, 극락전 일곽의 회랑, 비로전 앞의 문, 곤음전 앞의 문, 일주문 등을 신축했으며 또한 석축과 계단을 크게 수리했다.

우리의 발원과 노력과 기술에 의해 불국사를 크게 복원했음은 자랑할 만한 일이었다. 그러나 당시의 복원 공사가 만족할 만한 것은 아니었다. 연못의 복원을 계획하지 못했던 점, 좌경루만을 복원하고 우경루를 복원하지 않음으로써 균형을 잃게 한 점, 동쪽 회랑에 문을 내어 다보탑을 향해 절로 들어가게 한 점, 회랑이 답답하게 느껴질 뿐 아니라 범영루와 좌경루가 길을 막고 있는 점, 팔작지붕의 자하문과 맞배지붕의 안양문이 서로 다른 점 등이 문제로 지적되고 있기도 하기 때문이다. 그로부터 20년이 지난 오늘 우리는 보다 깊이 있고 포괄적인 연구와 그에 바탕한 복원을 기대해봄직하다.

불국사 배치

불국사가 자리 잡은 언덕은 신라의 수도 경주(慶州)를 둘러싼 3개의 산 가운데 동악(東岳) 토함산(土含山) 서쪽 기슭에 위치하여 전면에 조양(朝陽), 모화(毛火)의 평야를 사이에 두고 멀리 남산의 금오산(金鰲山)을 바라보며 광활한 하늘과 땅을 한눈에 바라볼 수 있는 경승의 자리이다. 토함산 꼭대기에는 석굴암(石窟庵)이 자리하고 동해에서 떠오르는 태양을 받아 다시 그것을 부처님의 혜광(慧光)으로 바꾸면서 바다의 거친 파도를 가라앉히고 불국의 안온(安穩)을 지키고 있다. 표고 745미터의 토함산은 석불사와 불국사 두 절이 아니더라도 이미 영산(靈山)으로서 신라인의 존중을 받아 왔다.

불국사는 토함산 서록에 핀 아름다운 마음의 꽃에 몇 가지 법들이 그 정형(定型)의 소지(素地)가 되었다고 믿어진다. 첫째, 이곳은 신라인이 그린 불국, 이상적 피안의 세계 자체이다. 그들은 이 나라가 그렇게 되기를 염원했으며, 그들 조상이 그러한 곳으로 가기를 염원했을 것이다. 또한 그들 자신이 마침내는 그러한 나라에 안주하기를 바랐던 것이다.

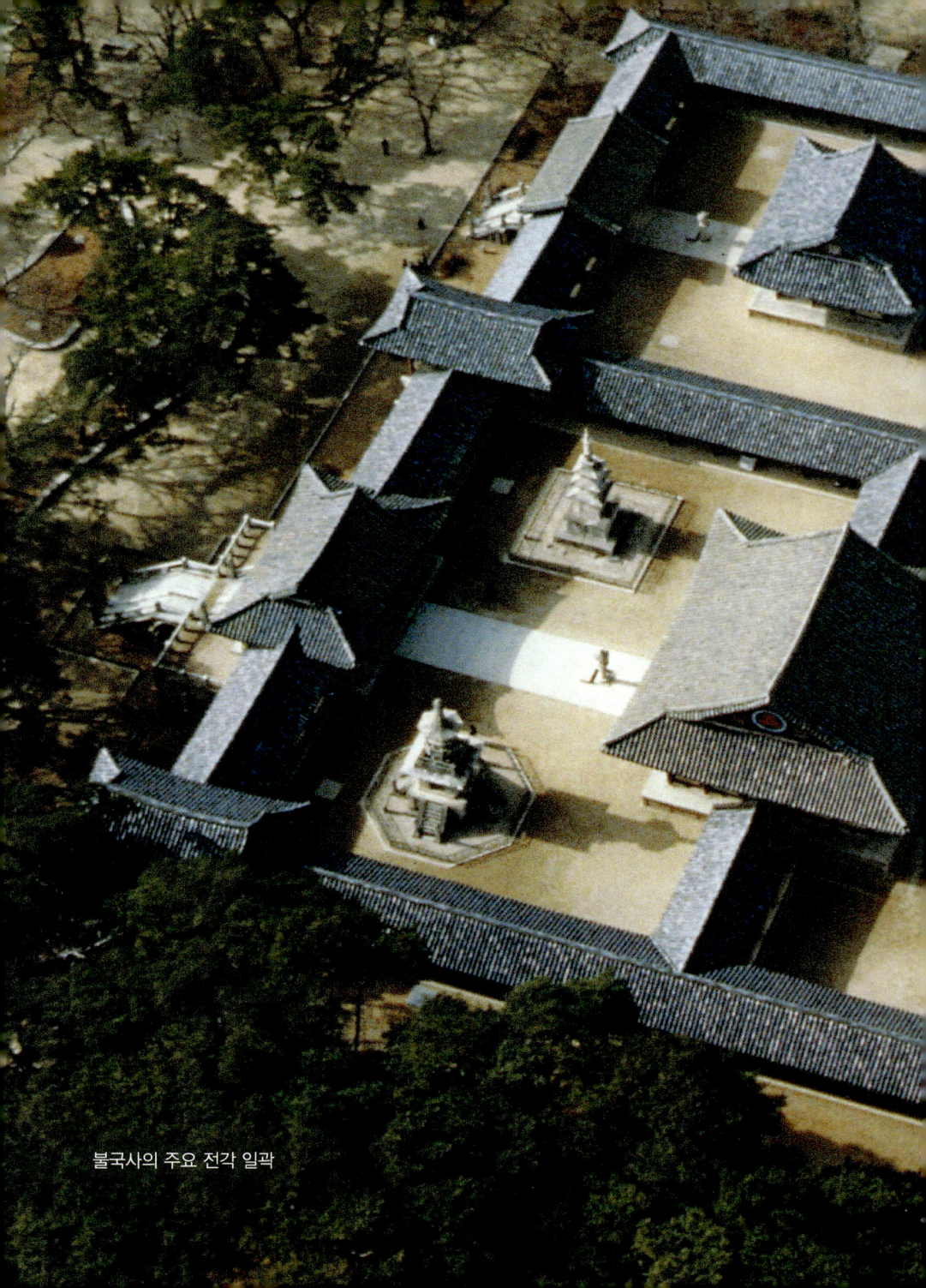

불국사의 주요 전각 일곽

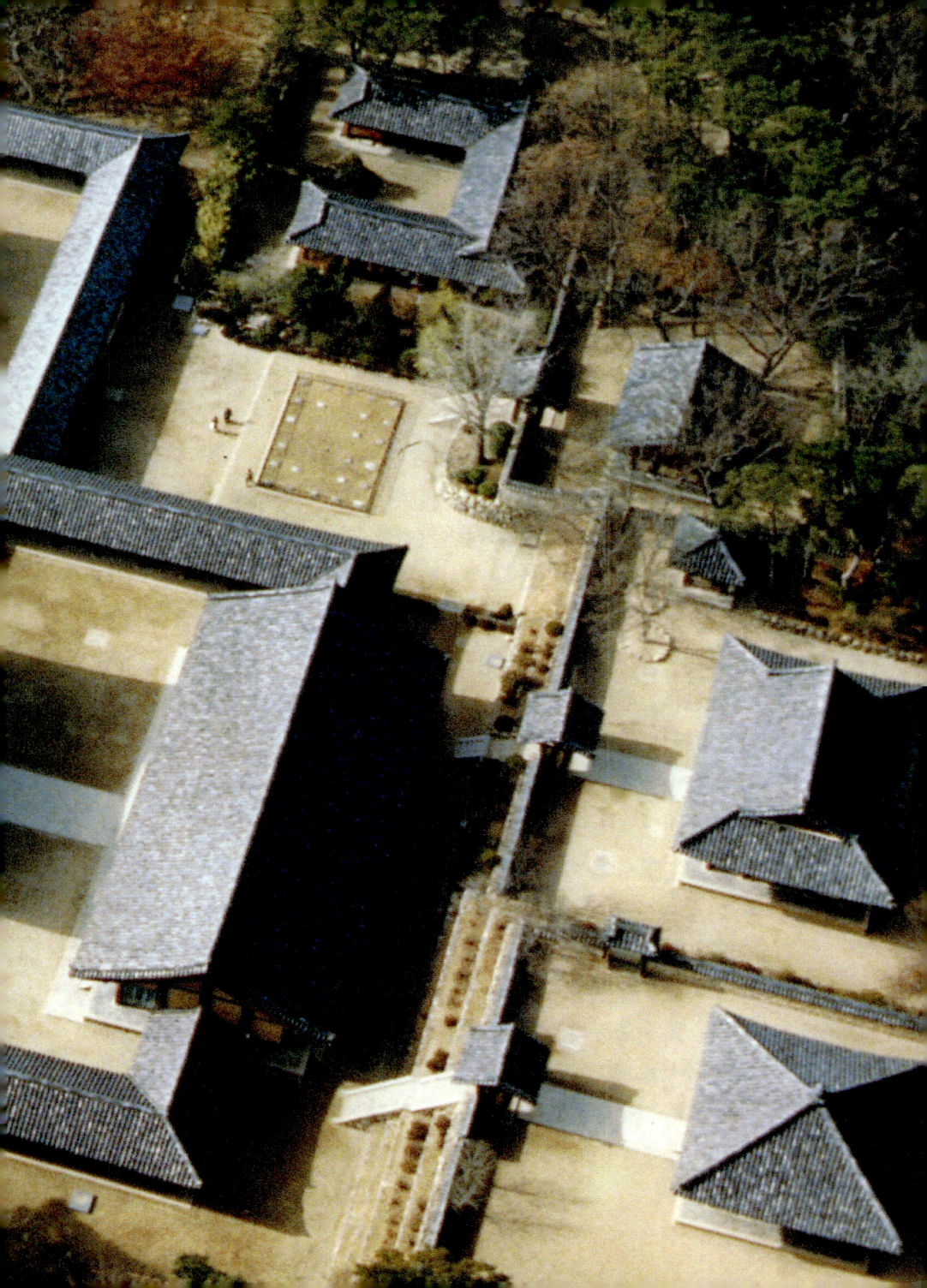

그들의 이 불국에 대한 염원은 세 가지 형태로 나타난 것이 아닌가 생각된다. 하나는 『법화경』에 근거한 석가모니 부처님의 사바세계 불국이요, 다른 하나는 『무량수경(無量壽經)』또는 『아미타경(阿彌陀經)』에 근거한 아미타 부처님의 극락세계요, 또 다른 하나는 『화엄경(華嚴經)』에 근거한 비로자나(毘盧遮那) 부처님의 연화장세계 불국이다.

위의 세 불국은 각각 대웅전을 중심으로 하는 일곽, 극락전을 중심으로 하는 극락전 일곽 또 하나의 세계는 비로전 일곽이라 할 수 있다. 결국 불국사에는 세 분의 서로 다른 이름을 가진 주인공이 계신 곳이기도 하다. 곧 불국토의 상징적인 주인이기도 하다.

불국사 경내에 들어서면 우선 대석단(大石壇)과 마주치게 된다. 대석단은 크게 양분되어 있다. 이 석단은 그 아래와 위의 세계가 서로 다르다는 것을 나타내는 의미를 갖고 있다고 생각된다. 곧 석단 위는 부처님의 전유 공간(專有空間)으로 불국토이고, 석단 아래는 범부(凡夫)의 세계를 나타내고 있다. 동쪽의 석가모니 부처님 세계는 석단에 마련된 청운교와 백운교를 통하지 않고는 오를 수 없으며, 서쪽의 극락전 일곽은 역시 석단에 마련된 연화교와 칠보교를 통하지 않으면 안 되게 되었다.

비로전(毘盧殿)이나 관음전(觀音殿) 일곽 역시 대웅전 및 극락전을 통해서만 다다를 수 있다.

대웅전 일곽은 석단의 계단을 통해 자하문에 이르고 이 문을 통해 대웅전 정면 내정(內庭)에 들어서게 되는데 대웅전과 자하문 사이의 서쪽에 석가탑(釋迦塔), 동쪽에 다보탑(多寶塔)이 대칭되게 우뚝 서 있어 대웅전을 장엄하고 있다. 대웅전의 북쪽에는 자하문 및 대웅전의 남북 중심 축상에 강당인 무설전(無說殿)이 남향하여 동서로 길게 자리 잡고 있으며 이들 자하문, 대웅전, 무설전은 동서남북으로 둘러친 회랑으로 둘러져 석가모니불의 전유 공간을 구획 짓고 있다. 회랑 일곽의 동남 및 서

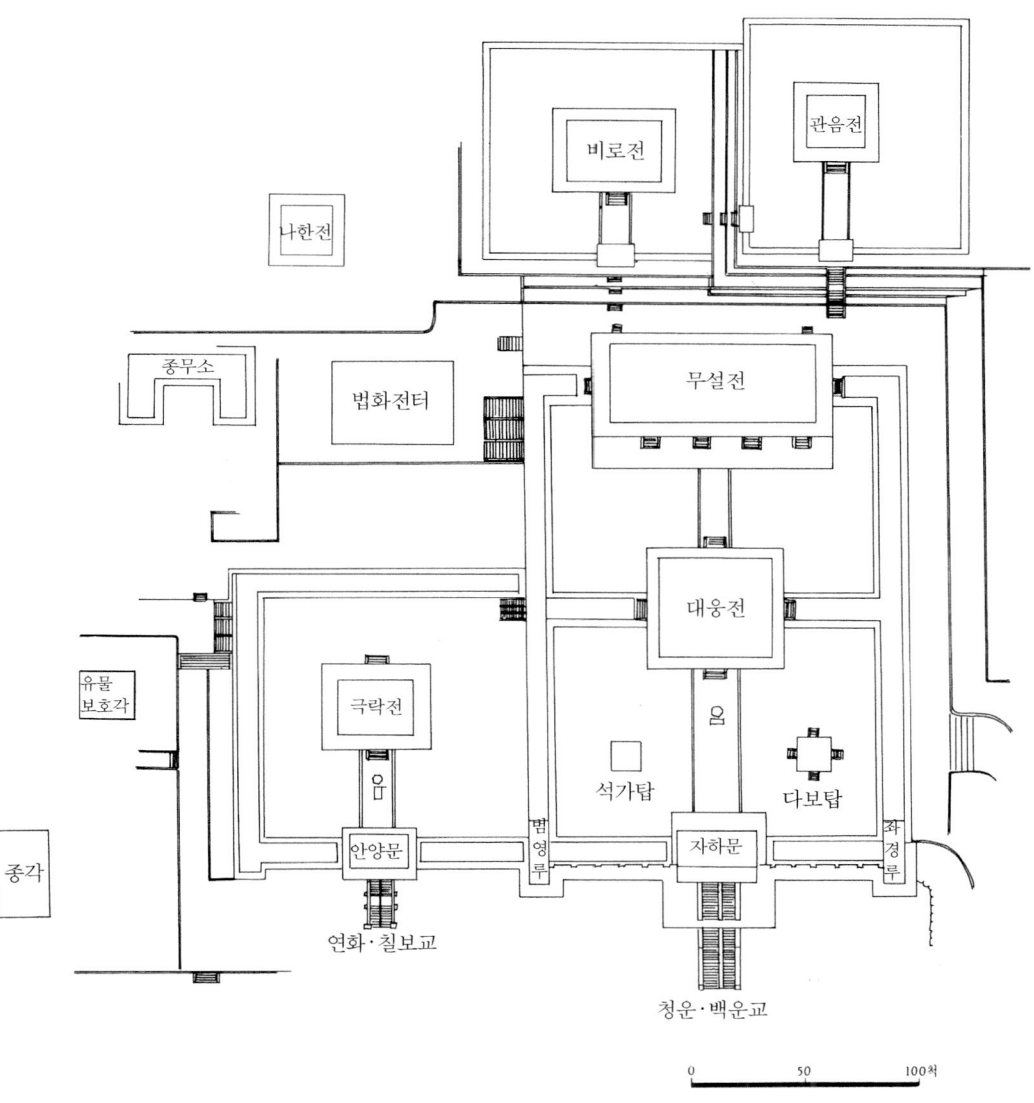

비로전

관음전

나한전

종무소

법화전터

무설전

유물
보호각

극락전

대웅전

석가탑

다보탑

범
영
루

좌
경
루

종각

안양문

자하문

연화·칠보교

청운·백운교

0　　　　　50　　　　100척

불국사 배치도(『불국사 복원공사 보고서』)

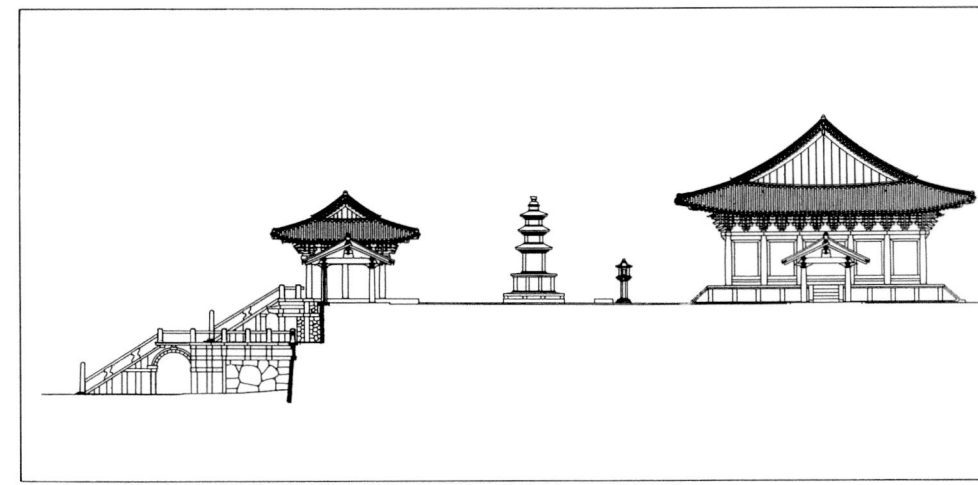

불국사 종단면도 왼쪽부터 청운교, 백운교, 자하문, 석가탑, 석등, 대웅전, 무설전. 가장 높은 위치인 오른쪽이 관음전이다. (위)

불국사 횡단면도 (오른쪽,『불국사 복원공사 보고서』)

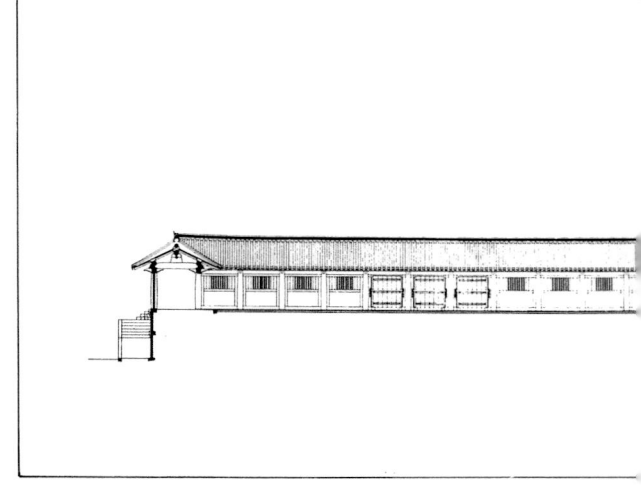

남쪽 모서리에는 동회랑과 서회랑이 연장되어 남회랑보다 남쪽으로 돌출되어 특수한 공간 처리를 하였다. 1973년 불국사 중창 사업이 되기 전에는 대웅전 일곽에는 대웅전, 자하문, 범영루의 건물과 두 탑만이 있었

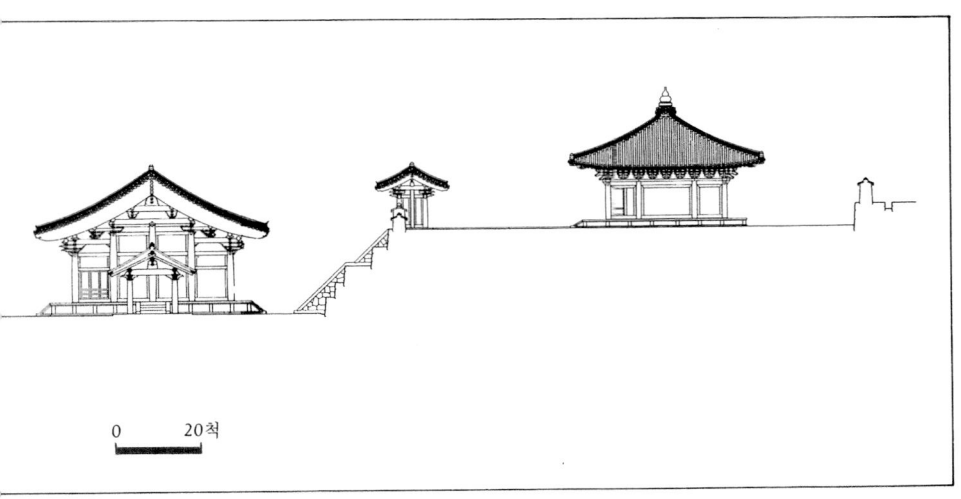

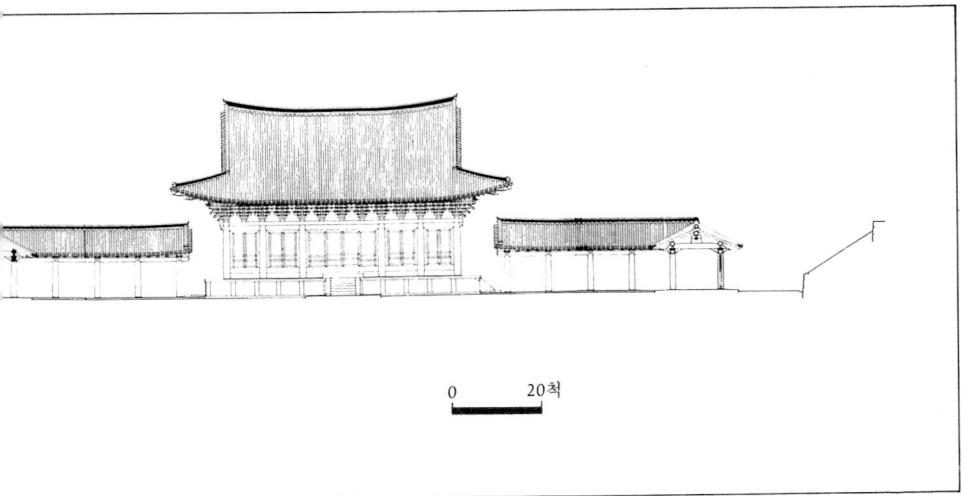

던 것을 현재와 같은 모습으로 복구시켰다. 그런데 현재 동회랑 남쪽에
주 출입구로 되어 있는 회랑문은 전면의 대석단을 오르지 못하게 하기
위해 부득이 신설한 것이므로 오해가 없어야 할 것이다.

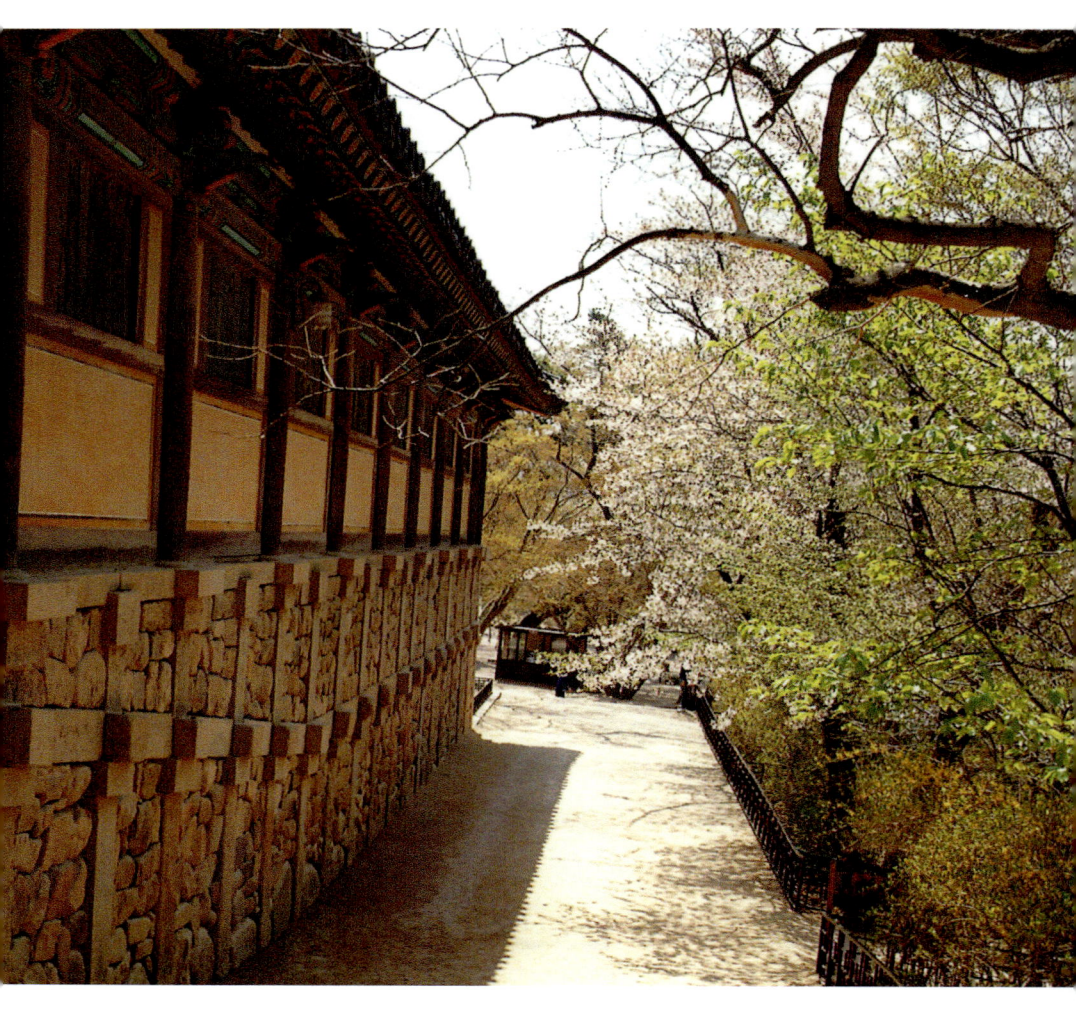

석단과 회랑　석단은 위와 아래의 세계가 서로 다르다는 것을 나타내는 의미를 갖고
있다. 곧 석단 위는 부처님의 전유 공간으로 불국토이고, 석단 아래는 범부(凡夫)의 세
계를 나타내고 있다.

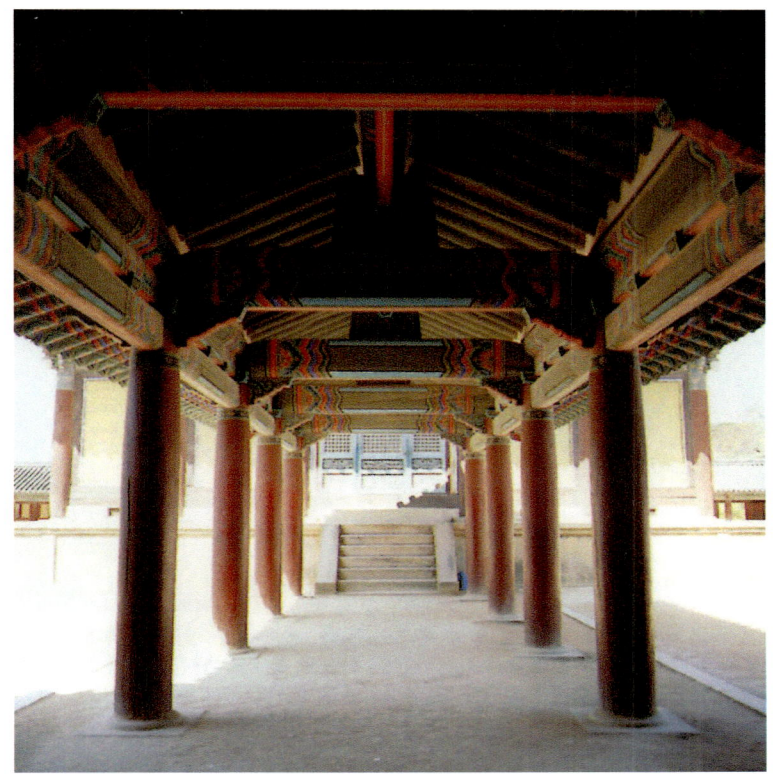

대웅전 익랑　자하문, 대웅전, 무설전은 동서남북으로 둘러친 회랑으로 둘러져 석가모니불의 전유 공간을 구획 짓고 있다. 곧 이 회랑의 앞쪽에는 자하문이, 뒤쪽에는 무설전이 자리하게 되는 것이다. 그러나 이러한 구성도 1973년 불국사 중창 사업 때 현재와 같이 복구시킨 것으로, 이전에는 대웅전·자하문·범영루의 건물과 두 탑만이 있었다.

극락전 일곽은 서쪽의 석단 위에 남향하여 자리하고 있는데 이 구역에는 안양문(安養門)과 극락전 그리고 남·서·북회랑이 있는 비교적 단순한 공간 배치를 나타내고 있다. 1973년 중창 불사 이전에는 안양문과 극락전만이 있었는데 중창 때 회랑이 복구되었고, 안양문은 그 이전 1960년대 초에 복원된 문이다.

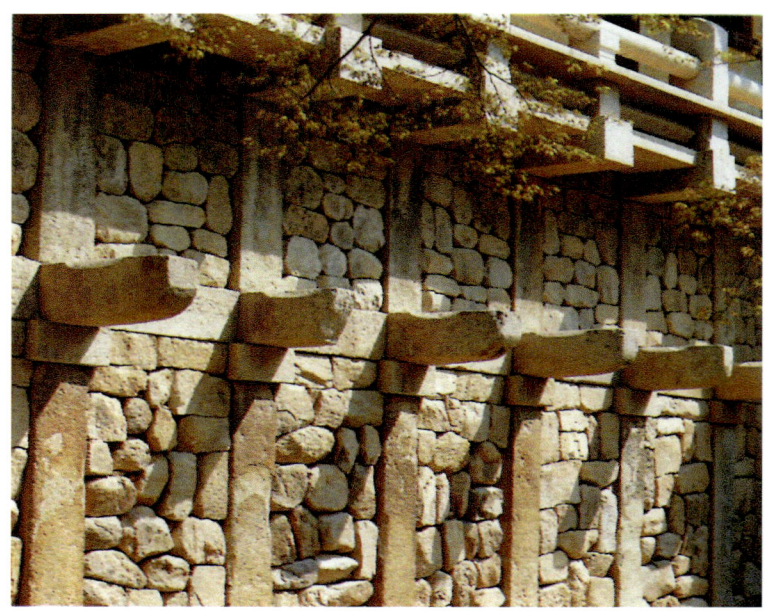

연화·칠보교 동측 축대 대웅전 일곽 석축보다 더 화려하게 장식된 축대로, 목조 건축의 첨차 양식을 돌로 표현하고 석난간도 화려한 목구조 난간을 차용하여 신라시대의 석조 조각 예술의 우수성을 잘 나타내고 있다.

비로전 및 관음전 일곽은 사찰 후방 북쪽에 자리하고 있는데 동쪽 높은 대지에는 관음전이 있고, 서쪽 좀 야트막한 대지에는 비로전이 위치하고 있다. 이곳에 오르려면 대웅전 일곽이나 극락전 일곽을 통해야만 오르게 되어 있다.

다음은 가람의 규모 및 각 건물 사이의 거리를 나타낸 것이다.

대웅전 일곽

동회랑 동단(東端) 주열(柱列)―서회랑 서단 주열 사이 169.2척

동회랑 남북 중심선－서회랑 남북 중심선 사이 158.66척

남회랑 남단 주열－북회랑 북단 주열 사이 234.69척

남회랑 동서 중심선－북회랑 동서 중심선 사이 215.6척

자하문 동서 중심선－대웅전 동서 중심선 사이 111.6척

대웅전 동서 중심선－무설전 동서 중심선 사이 103.74

자하문 동서 중심선－다보, 석가탑 동서 중심선 사이 44.34척

대웅전 동서 중심선－다보, 석가탑 동서 중심선 사이 67.26척

가람 남북 중심선－석가탑 남북 중심선 사이 42.1척

가람 남북 중심선－다보탑 남북 중심선 사이 42.35척

석가탑 남북 중심선－다보탑 남북 중심선 사이 84.45척

극락전 일곽

남회랑 동단 주열－남회랑 서단 주열 사이 125.15척

남회랑 남단 주열－북회랑 북단 주열 사이 140척

안양문 동서 중심선－극락전 동서 중심선 사이 69.6

극락전 동서 중심선－북회랑 동서 중심선 사이 60.2척

남회랑 동서 중심선－북회랑 동서 중심선 사이 129.8척

북회랑 동단 주열－북회랑 서단 주열 사이 125.8

비로전, 관음전 일곽

석가, 다보 양 탑 동서 중심선－비로전 동서 중심선 사이 278.05척

대웅전 동서 중심선－비로전 동서 중심선 사이 210.65척

가람 남북 중심선－비로전 남북 중심선 사이 44.38척

석가, 다보 양 탑 동서 중심선－관음전 동서 중심선 사이 286.68척

대웅전 동서 중심선－관음전 동서 중심선 사이 219.28척

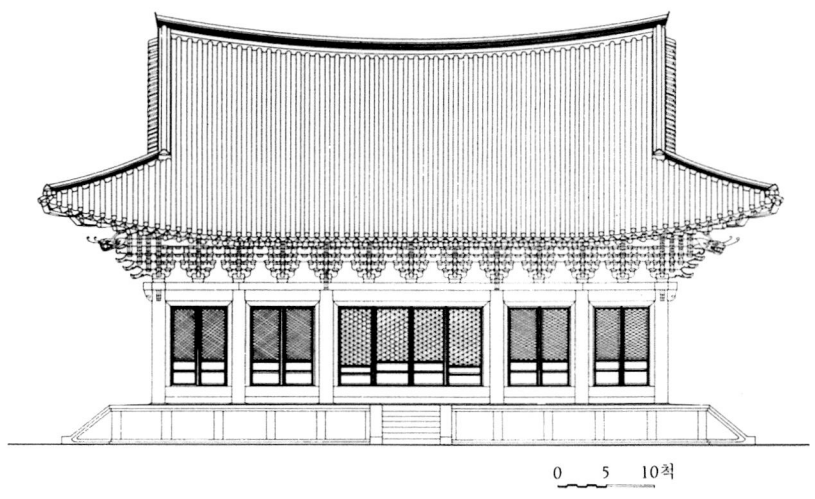

0   5   10척

대웅전 정면도 (『불국사 복원공사보고서』)

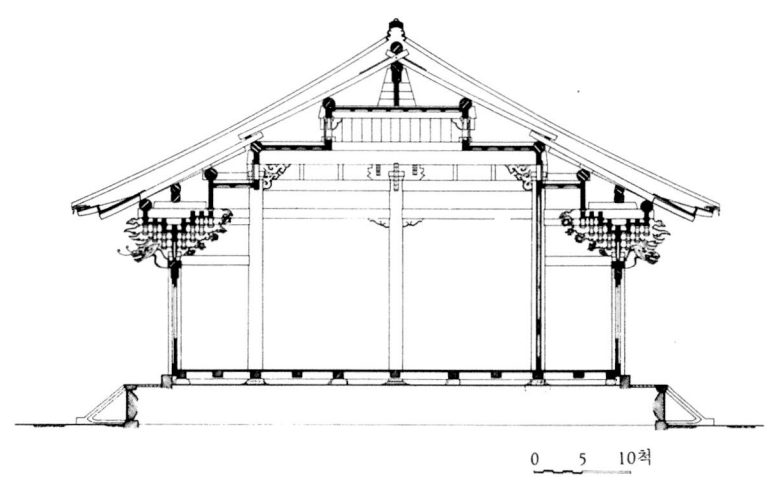

0   5   10척

대웅전 종단면도 (『불국사 복원공사보고서』)

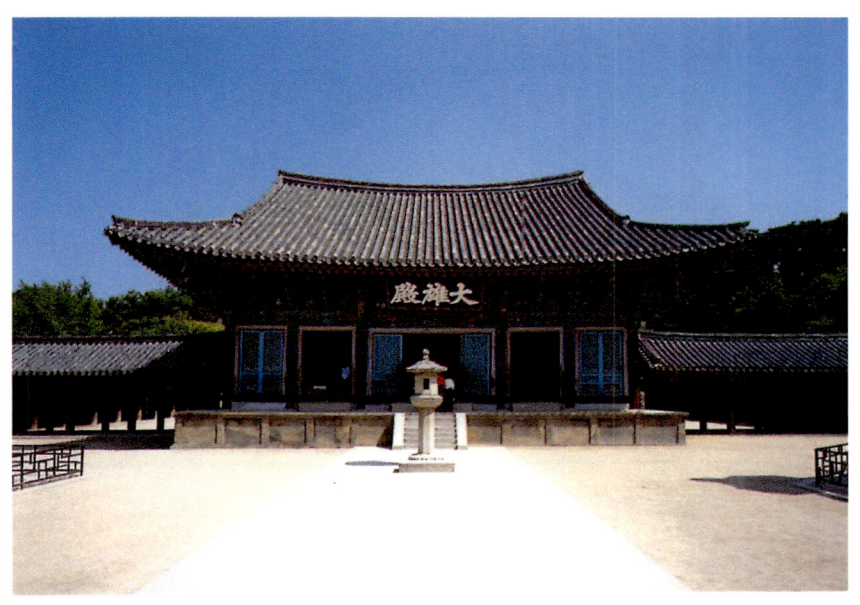

대웅전 현재의 건물은 1765년에 중창된 것으로, 기단부 및 초석 등은 신라시대의 것으로 남아 있다. 건물은 동서 양 측면 중앙으로는 동·서회랑에서 꺾여 들어온 익랑과 연결되도록 하였다. 구조는 다포식 팔작지붕 단층 불전으로 18세기 중엽의 전형적인 구조 양식을 나타내고 있다. 건물의 평면은 정면 쪽이 약간 길지만 거의 정방형에 가깝다.

가람 남북 중심선－관음전 남북 중심선 사이 56.37척
비로전 남북 중심선－관음전 남북 중심선 사이 100.75척

대웅전, 극락전 관계

대웅전 동회랑 동단 주열－극락전 서회랑 서단 주열 사이 296.25척
대웅전 남북 중심선－극락전 남북 중심선 사이 151.57척

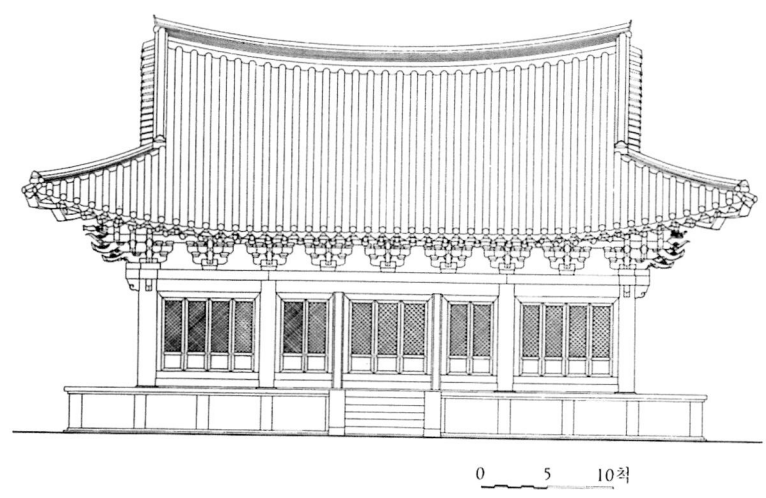

0 5 10척

극락전 정면도 (『불국사 복원공사보고서』)

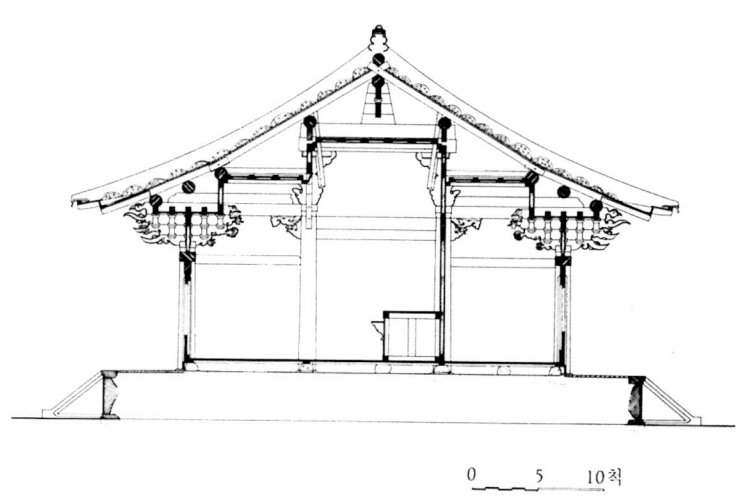

0 5 10척

극락전 종단면도 (『불국사 복원공사보고서』)

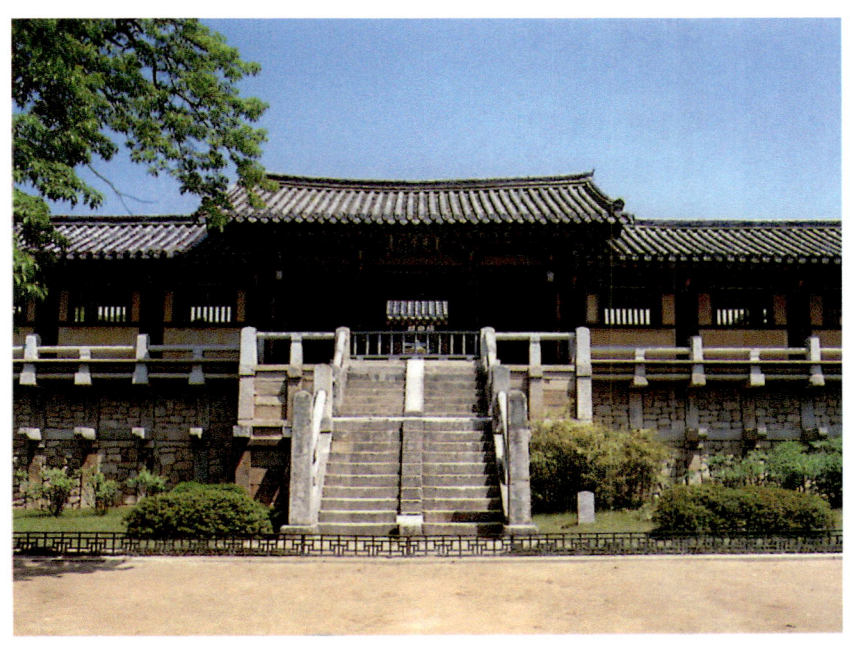

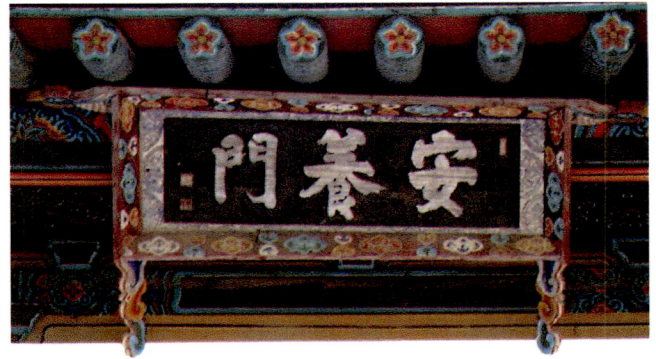

연화·칠보교와 안양문 (맨 위)

안양문 현판 (위)

대웅전 일곽

대웅전(大雄殿)

　대웅전은 대웅전 일곽의 중심 건물로, 건물 안에는 석가모니불을 주존(主尊)으로 모셨다. 현재의 건물은 1765년(건륭 30)에 중창된 것이며, 기단부 및 초석 등은 신라시대의 것으로 남아 있다. 건물 규모를 보면 정면 5칸(8.2척+8.7척+17.7척+8.7척+8.2척), 측면 5칸(8.3척+8.6척+11.9척+8.6척+8.3척)인데 당당한 모습으로 세워져 있다. 건물 기단은 높지도 얕지도 않은 알맞은 높이로서 4.2척 정도이다. 건물의 전체 높이는 43척(13미터)이고 기단 4면에 계단을 설치하여 건물로 오르게 되어 있다. 동서 양 측면 중앙으로는 동·서회랑에서 꺾여 들어온 익랑(翼廊)과 연결되도록 하였다. 건물의 구조는 다포식(多包式) 팔작지붕 단층 불전(佛殿)으로, 18세기 중엽의 전형적인 구조 양식을 나타내고 있다.

　건물 내부에는 중앙부에 수미단(須彌壇)의 불단이 있고, 그 위에 목조석가 삼존불이 안치되었다. 삼존불은 중앙에 석가모니불이 있고, 그 좌우에 미륵보살(彌勒菩薩)과 갈라보살(羯羅菩薩)이 협시하였고, 다시 그 좌우에 흙으로 빚은 가섭(迦葉)과 아난(阿難)의 두 제자상이 모셔져 있다.

　건물의 평면은 정면 쪽이 약간 길지만 거의 정방형에 가깝고 불단이 뒤쪽으로 치우쳐 있어 내부 공간이 넓게 느껴진다. 내부에는 안두리기둥(內陣柱)을 둘렀는데 앞뒤 쪽으로는 외두리기둥(外陣柱) 배열과 같게 기둥을 배치하고, 측면 쪽은 기둥 1개를 생략한, 이른바 감주법(減柱法)을 적용하여 공간을 넓게 하였다. 공포는 다포로 외3출(外三出), 내4출(內四出)의 형식으로 외7포(外七包) 내9포작(內九包作)이며, 살미 첨차(山彌簷遮)는 초화무늬(草花紋)와 봉황(鳳凰) 머리 등을 조각하여 화려하게 장식하였다. 특히 평방(平枋)에서 돌출된 용머리가 인상적으로 보인다.

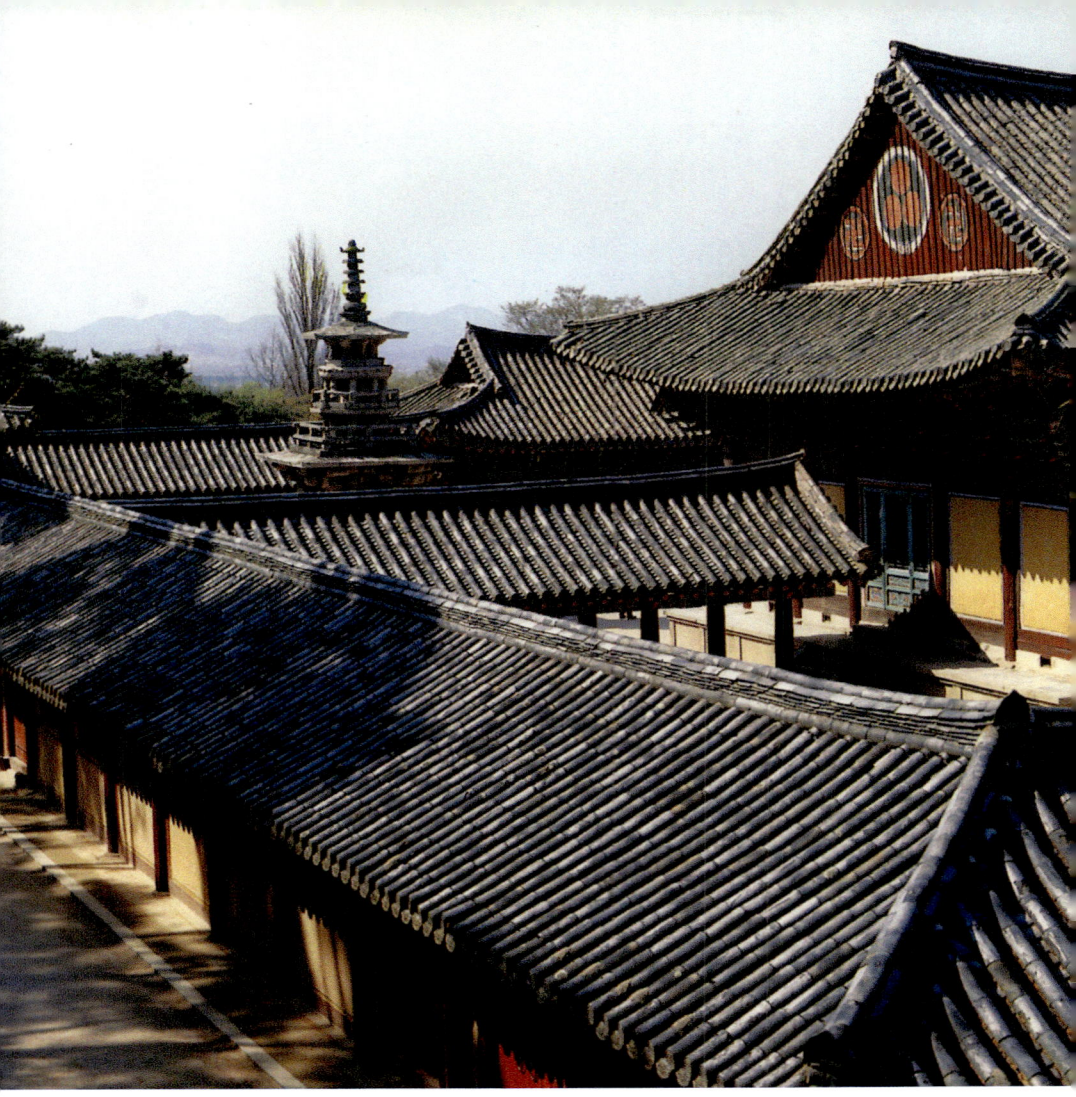

대웅전 일곽   사진 오른쪽의 팔작지붕 건물이 대웅전이고, 이 건물의 앞부분에 보이
는 규모가 조금 작은 팔작지붕이 자하문이다. 자하문과 대웅전 사이의 마당에는 다보
탑과 석가탑이 서 있고, 대웅전 좌우에는 익랑이 연결되고 사방이 회랑으로 둘러 있
다. 복원 전에는 이 회랑들은 그 형체가 없었고 주초들만 남아 있었다.

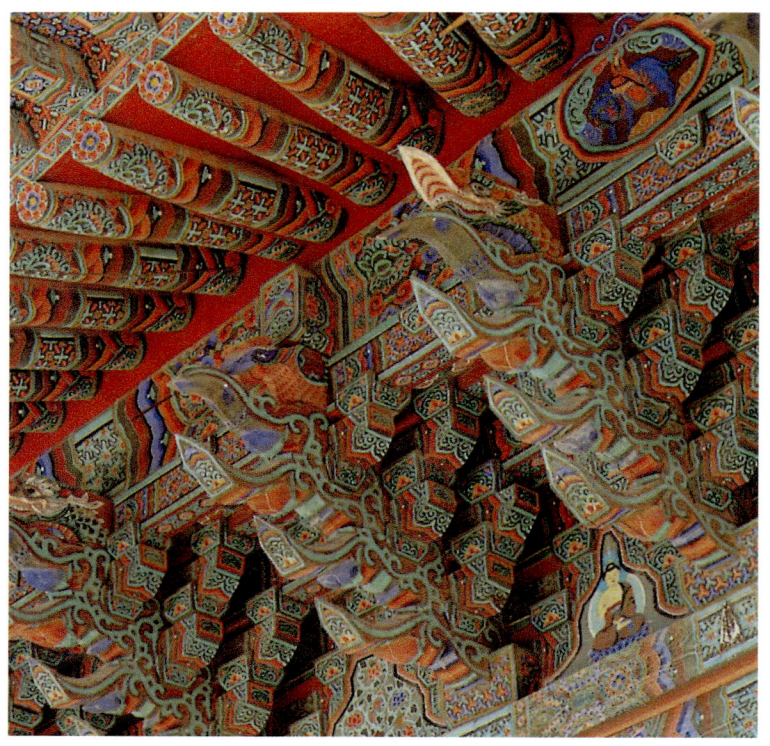

대웅전 가구 부분　공포는 다포로 내4출의 형식으로 외7포 내9포작이며, 살미 첨차는 초화무늬와 봉황 머리 등을 조각하여 화려하게 장식하였다.

가구(架構)는 2고주(高柱) 7량가(樑架)로, 고주 위에 대량(大樑)을 얹고 대량 위에는 동자주를 얹고 종량(宗樑)을 놓아 판대공(板臺工)이 종도리(宗道里)를 받도록 하였다. 고주와 평주(平柱) 사이는 퇴량과 격량으로 연결시켜 내진(內陣)과 외진(外陣)이 결합되도록 하였는데 그 구성이 견고하게 짜였다.

천장은 우물천장인데 층단식으로 중앙 쪽으로 높였다. 외관에서 보면 정면의 중앙칸(御間)이 다른 건물에서는 브기 드문 넓은 주칸 크기로 되어 있다. 협간(夾間)과 툇간(退間)에 비해 거의 2배에 가까운 주칸이라 시원스럽고 확 트인 느낌을 준다.

자하문

청운교, 백운교를 오르면 불국 세계의 관문격인 자하문에 다다른다. 이 문은 가람 배치상으로는 중문(中門)에 해당되는 문으로, 이 문을 통해야만 대웅전 일곽 내부로 들어갈 수 있다. '자하'란 말은 '붉은 안개'라는 뜻인데, 부처님 몸에서 발하는 붉은 금색의 광명이 안개처럼 서려 있다는 뜻으로 해석되기도 하고, 이 문으로부터 세속의 무지와 속박을 떠나 대진리(大眞理)의 도량이 펼쳐진다는 것을 상상하기도 한다.

이 문은 불국사 창건 때부터 세워졌겠으나 그 문이 언제 없어졌는지 알 수 없고, 지금의 문은 여러 차례의 중건·중수되었다고 전해오나 1966년 수리 때 발견된 자하문 상량문에 의하면 건륭 46년(1781)에 중수된 것으로 최종 기록이 발견되었다. 1973년 불국사 중창 복원 때 남회랑을 이 문에 붙이면서 측면 일부가 개조된 바 있다. 이 문의 평면은 정면 3칸(11.4척+11.8척+11.4척), 측면 2칸(8.5척+8.5척)으로 다포식 팔작집으로 도리칸 중앙열 기둥에 판문(板門)을 달다 개폐하도록 하였다. 건물 기단은 야트막하게 마련하였는데, 이는 대석단 위에 건물이 세워지므로 별도의 높은 기단이 필요가 없어 얕게 하였던 것 같다.

공포는 내외 모두 2출목 5포작으로 살미 첨차에는 초화무늬를 조각하고 대첨(大簷), 소첨(小簷)은 모두 교두형(翹頭形; 첨차 선단 하부를 원형으로 잘라 낸 모양의 첨차)으로 하였다. 가구 형식은 1고주 5량가 형식인데 사실은 중앙의 고주는 문을 달기 위한 기둥이므로 무고주(無高柱)

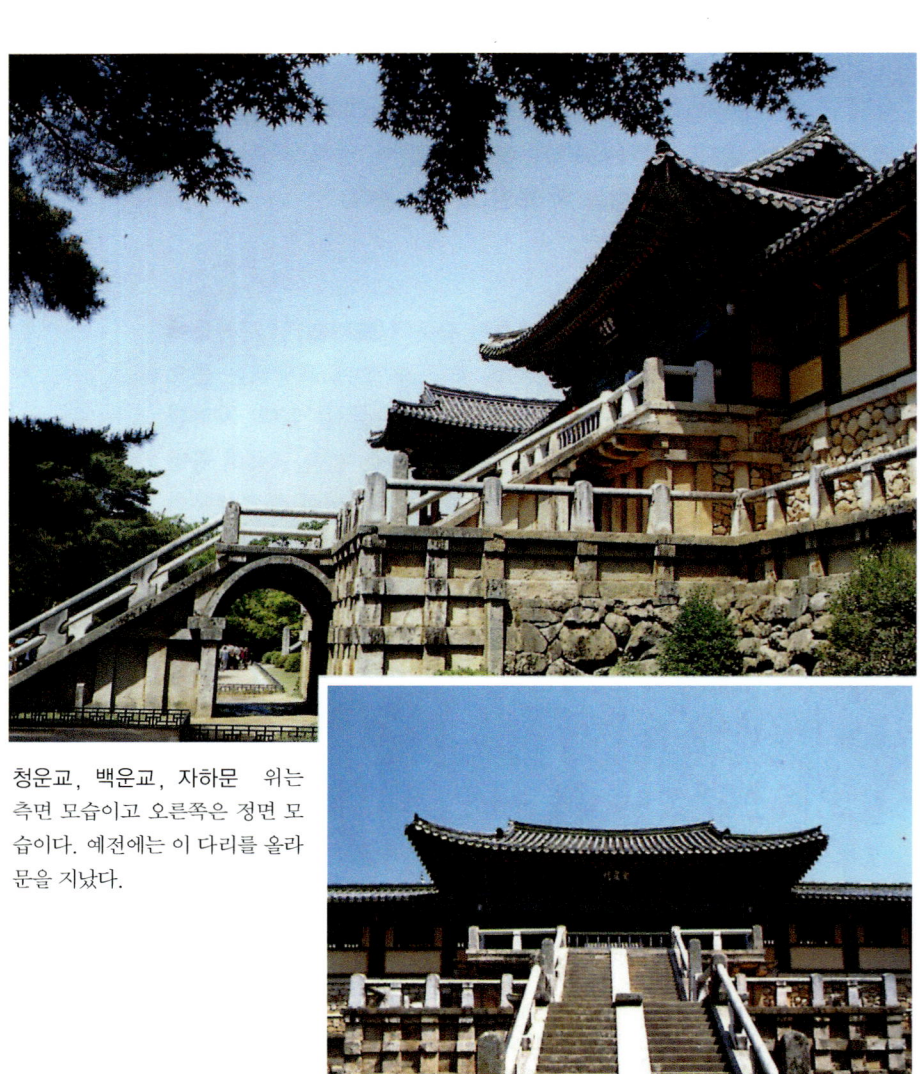

청운교, 백운교, 자하문　위는
측면 모습이고 오른쪽은 정면 모
습이다. 예전에는 이 다리를 올라
문을 지났다.

5량가라 보아도 무리가 없다. 중앙의 고주는 대량의 중앙 하부를 받치게 되었는데 중요한 기능은 평주의 평방에서 퇴량 역할의 계량(繫樑)이 고주머리에 끼워진 것이라 할 수 있다. 내부의 천장은 내목도리 하부에서 우물천장으로 설치되고, 이 천장 상부는 종보와 대공을 장식없이 올려 지붕의 하중을 받게 하였다.

무설전

　무설전은 강당에 해당되는 건물로, 현재의 건물은 1973년 중창 불사 때 세워진 건물이다. 이 건물이 세워지기 전 발굴 조사에 의해 평면 규모와 기단 내용이 밝혀졌다. 신축된 건물은 그 근거에 의해 기단과 평면이 확정되었다. 원래의 무설전은 어떠한 건축 모양이었는지 전혀 알 수 없었다. 이 건물에 대한 자료는 『불국사고금창기』에서 볼 수 있는데, 그 내용을 믿는다면 불국사 경내에서는 가장 먼저 지어진 건물로 볼 수 있다. 그 기록에 의하면 신라 문무왕 10년(670)에 왕명에 의해 무설전을 새로 짓고 그곳에서 『화엄경』을 강의했다고 한다.

　문무왕은 의상 대사와 그 제자 오진(悟眞), 표훈 등 10명의 대덕에게 강론을 맡게 했다고 한다. 이 기록대로라면 불국사를 창건한 751년보다 훨씬 앞서서 세워진 건물이라 할 수 있으나 역시 불국사의 창건은 751년이라 보는 것이 타당하므로 무설전은 불국사의 건물이기 이전의 건물로 보아야 할 것이다. 따라서 이 무설전은 현재 볼 수 있는 그러한 규모가 아닌 좀 작은 규모의 건물이었을 가능성이 크다. 불국사가 창건되면서 원래의 무설전은 확장되었을 것이고, 이 건물은 1593년 임진왜란 때 소실되고 그 뒤 조선 숙종 34년(1708)에 중창되었으나 언제 없어졌는지는 확실하지 않다. 이 건물은 한일 합방 이후까지도 있었던 것이 확실한데 어떠한 이유에서 없어졌는지 알려지지 않고 있다.

이 건물의 기능은 경론(經論)을 강술(講述)하는 장소이므로 건물 안에는 불상을 봉안하지 않았으며 단지 강당으로서의 기능에만 충실했던 건물인 것 같다. 이 건물터의 발굴 조사에서 밝혀진 건물 안의 강단(講壇) 지대석을 보면 중앙에서 서쪽으로 약간 치우쳐 방형의 상태로 놓였던 것 같다.

'무설전'이라는 강당의 건물명을 보면 '설이 없는 전당(殿堂)'이란 뜻인데, 강당이면서 강의함이 없다는 건물명을 갖고 있음은 불교의 깊은 뜻이 담겨 있음을 알 수 있다. 역설적인 명칭이기는 하나 불교의 오묘한 진리가 말을 통해 드러나지 않음을 지적해 주고 있다고 생각된다.

신축된 건물은 평면만이 복원되었을 뿐 지상의 건물은 조선 초기 양식으로 하였다. 이 건물은 정면 8칸, 측면 4칸으로 주심포식(柱心包式) 맞배집으로 하였다. 내부에는 안두리기둥을 앞뒤 쪽에 세우고 양측에서는 1개씩의 고주를 생략한 감주법식(減柱法式)으로 하였다.

공포는 주심포로 기둥머리에 헛첨차를 끼우고 주두에 결구된 살미 첨차를 받도록 하였고, 그 위에 제2살미 첨차를 올려 외목 밑쪽에 행공첨차(行工簷遮)와 맞춤하여 외목(外目)과 장혀(長舌)를 받게 하였다. 첨차와 살미는 모두 초화 무늬를 조각하였다. 주심의 공포와 공포 사이는 화반(花盤)을 중앙에 넣어 장식하였다. 가구 형식은 2고주 9량가로, 고주 위에 대량을 얹고 대량 위에는 화반 대공을 얹어 종량을 받도록 하고, 종량 위에는 파련 대공(波蓮臺工)을 놓아 종도리를 얹는 형식을 취하였다.

천장은 연등천장으로 상부 구조가 한눈에 보이도록 하고, 바닥 면은 전돌을 깔아 고식(古式)으로 하였다. 주칸 장치(柱間裝置)는 남면에서 교창(交窓)과 4분합문을 8칸 전면에 설치하고, 후면은 중앙 기둥 동측 1칸에만 4분합문을 달고, 양 측면에서는 남측 1칸에만 3분합문을 달게 하였다.

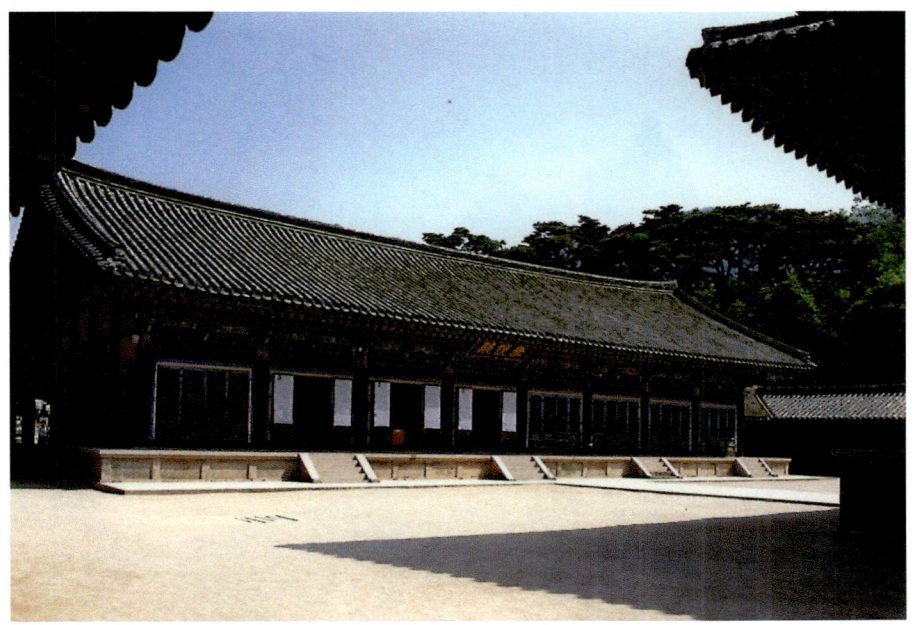

무설전 강당에 해당하는 이 건물은 1973년 중창 불사 때 세워졌다. 원래의 건물은 어떠한 건축 모양이었는지 전혀 알 수 없었는데 건물이 세워지기 전 발굴 조사에 나타난 평면 규모와 기단 내용에 근거하여 세운 것이다.

범영루

이 건물은 『불국사고금창기』에 의하면 처음에는 '수미범종각(須彌梵鐘閣)'이라 불렀던 것 같다. 『불국사고금창기』에는 이 건물을 3칸의 종각으로 수미산 모양의 팔각 정상에 누를 짓고 그 위에는 108명이 앉을 수 있고 그 아래에는 오장간(五丈竿; 50척 높이의 칸)을 세울 수 있는 그러한 높이라고 기록하고 있다.

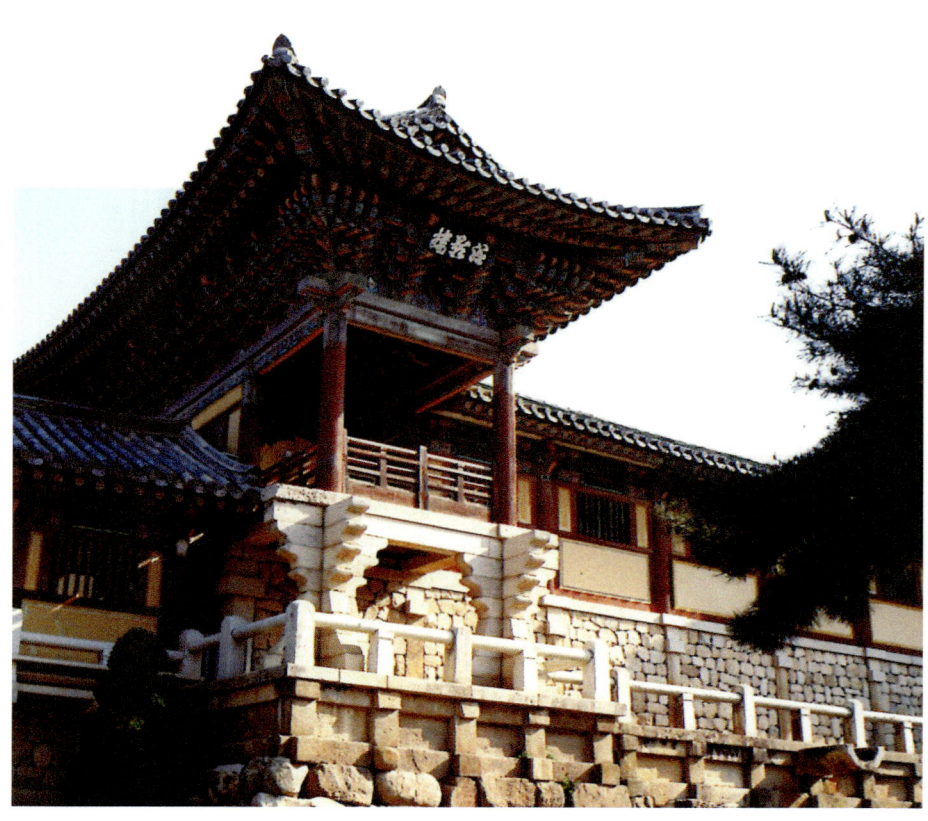

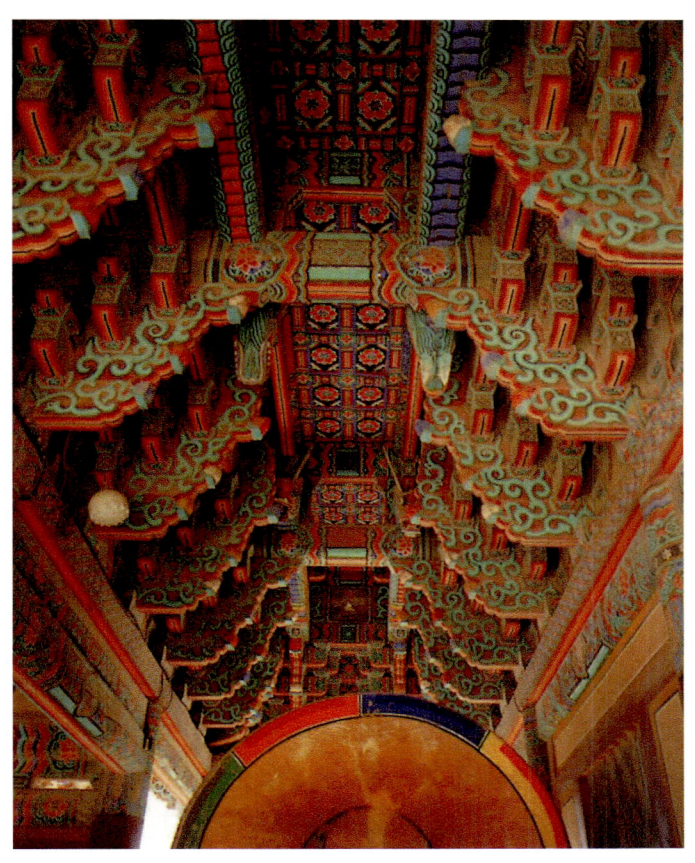

범영루 수미산형 석주는 매우 주목되는 것이다. (옆면)

범영루 내부 가구 현재의 건물은 1973년 중창 때 사로 지어진 건물로 다포식 팔작집이며, 공포 형식은 3출목 7포작이다. 내부에는 현재 북을 달아매었다. (위)

수미산이란 불교의 세계관에 의하면 세계의 중앙에 있는 거대한 산으로서 그 중턱에는 사천왕, 그 꼭대기에는 제석천이 각각 사는 곳이라 한다. 청운교와 백운교의 층계는 삼십삼 계여서 삼십삼 천을 상징하고 이 범영루는 수미산의 정상, 곧 세계 궁극의 위치에 있음을 나타내고 있다. 108명이 앉을 수 있다고 한 것도 특별한 의미를 부여하고 있는 것으로 생각되는데, '108'이란 숫자는 불교에서 인간이 갖고 있는 백팔번뇌의 뜻으로 사용했음이며, 많은 번뇌를 갖고 있는 인간을 제도한다는 의미가 내포되었다.

현재의 범영루는 1973년 중창 때 새로 지어진 건물이지만 원래는 불국사를 창건할 때부터 있었던 것으로 생각된다. 원래의 범영루는 1593년 임진왜란 때 병화로 불타 없어지고 그 뒤 광해군 4년(1612)과 숙종 14년(1688)에 중건, 1708년에 단청되어 1973년 중창 당시까지 전해 내려왔으나 불국사 복원 불사 때 회랑과 맞지 않음을 이유로 헐어 버리고 현재의 건물을 세웠다.

현재의 건물은 정면 단칸, 측면 3칸으로 다포식 팔작지붕 형식이며 건물의 남쪽 1칸과 내측면을 트이게 하고 외측벽 2칸은 벽을 치고 살창을 개설하였다. 이 건물은 남쪽 1칸을 누각식(樓閣式) 형태로 하였고, 나머지 2칸은 지면에 세웠다. 내부에는 현재 북을 달아매었다. 이 건물에서 특이한 것은 건물 밑에 놓인, 이른바 수미산형 석주인데 유일무이한 존재로 주목받는 곳이다.

이 석주의 구성은 하층 석단 위에서부터 상층 석단 윗면 높이까지 쌓아 올렸다. 석주는 판석을 십자형으로 가운데에서 맞물리도록 반턱맞춤으로 하여 아래쪽은 넓고 위로 올라가면서 조금씩 좁게 아래로부터 4단까지 올리고 5단부터는 아래쪽이 좁고 위쪽이 넓게 8단까지 쌓아 올렸다. 이 돌의 모양은 4단까지의 판석 모양과 다른 양끝 쪽이 버선코 모양으로 조각되어 아래쪽의 것과 위쪽의 것이 겹쳐지면 하나의 조각같이 보이도록 도안되었다. 이 두 석주가 세워짐으로써 두 석주 사이의 공간 투형은 항아리형으로도 보이고 또는 안상(眼象)같이도 보여 독립된 석주는 석주대로, 두 석주 사이의 공간은 공간대로 잘 조화를 이루게 하였다.

범영루는 '승천교(昇天橋)'라는 다리가 있어 오르도록 되었다고 하나 지금으로서는 어떠한 것이었는지 알 수 없다. 현재의 건물은 다포식 팔작집으로, 공포 형식은 먼저 있었던 그대로 내외 모두 3출목으로 7포작이다.

좌경루(左經樓)

이 건물은 범영루와 대칭되는 위치에 있는 건물로서 규모는 범영루와 같다. 이 건물에는 원래 경판(經坂)을 보관하였을 것으로 생각된다. 『불국사고금창기』에 의하면 3칸이라 되어 있으나 1973년 중창 불사 당시에는 건물터만이 남아 있었다. 좌경루가 범영루와 다른 것은 석주의 형태이다. 이 건물은 범영루와 같이 수미산형의 석주가 아니라 팔각주에 연화를 삽입시킨 형태로 되었는데, 이 석주 자료는 발굴 조사에 의해 출토된 석주 부재에 의거 복원된 것이다.

현재의 건물은 『불국사고금창기』에 기록된 주칸 크기에 맞추어 정면 단칸, 측면 3칸의 다포식 팔작지붕으로 복원되었다. 건물 내부에는 현재 목어(木魚)를 넣었다.

회랑

대웅전 일곽의 회랑은 자하문 좌우의 남회랑, 무설전 좌우의 북회랑 그리고 남북 방향으로 자하문의 동쪽 회랑과 무설전의 동쪽 회랑을 연결한 동회랑, 이 동회랑과 대칭되는 서회랑이 있고 동·서회랑 중간 지점에서 대웅전으로 연결된 익랑으로 되었다.

이들 회랑은 모두 단칸(單間) 회랑으로, 대웅전 일곽을 에워싸고 또 각 건물 사이를 유기적으로 연결시켜 주는 동선 역할을 하였다. 동·서·남·북회랑은 모두 외측은 벽을 쳐서 내외부 공간을 차단하고, 회랑 내측은 벽을 치지 않아 어느 곳으로든지 드나들게 되었다. 『불국사고금창기』에 의하면 동행랑 20칸, 서행랑 20칸, 남행랑 10칸, 동익무 3칸, 서익무 3칸으로 되었는데 북회랑에 대한 기록은 없다.

이곳 회랑은 중창 불사 때는 한 곳도 남아 있는 곳이 없어 확실한 내용을 알 수가 없었다. 그래서 1968년 발굴 조사에 의해 회랑의 위치를 확인하였고 그 결과에 의해 현재의 모습으로 복원되었다. 현재의 회랑 구조 양식은 단칸의 익공식(翼工式)으로 되었으며, 회랑의 복원을 위해 있었던 범영루가 해체되고 자하문 양 측면 일부도 개조되었다. 또한 청운·백운교의 출입 통제 때문에 대웅전의 진입을 위해 동회랑 남단 3칸에 문을 신설하였다. 따라서 이 문은 원래 없었던 것으로 알아 두어야 할 것이다.

발굴 조사 때 나타난 유구, 특히 초석 가운데 한가운데가 뚫린 초석들이 보였는데 이러한 초석은 가끔 회랑지에서 출토되는 예가 있지만 좀 특이한 초석이라 할 수 있다. 회랑지에서 이러한 초석이 보이는 것은 아마 회랑의 보칸이 단칸이고 도리칸이 긴 건물이라 초석을 일반 건물같이 위를 평평하게 다듬으면 도리칸이 휘어질 우려가 있어 기둥을 초석 속으로 박아 넣는 방법, 곧 굴입주(掘立柱)처럼 하려고 했던 것이라 느껴진다. 이러한 예는 7세기 후반(681년)에 세운 감은사지(感恩寺址)에서 볼 수 있다.

회랑의 건축 양식은 초익공식(初翼工式)의 간단한 구조로 기둥 위에 주두를 놓고 대량을 걸게 하였고, 대량 위에는 판대공(板臺工)을 세워 종도리를 받도록 하였다. 벽체는 외부 쪽으로만 벽을 치고 벽 상부에 살창을 냈고 내부 쪽은 개방시켰다.

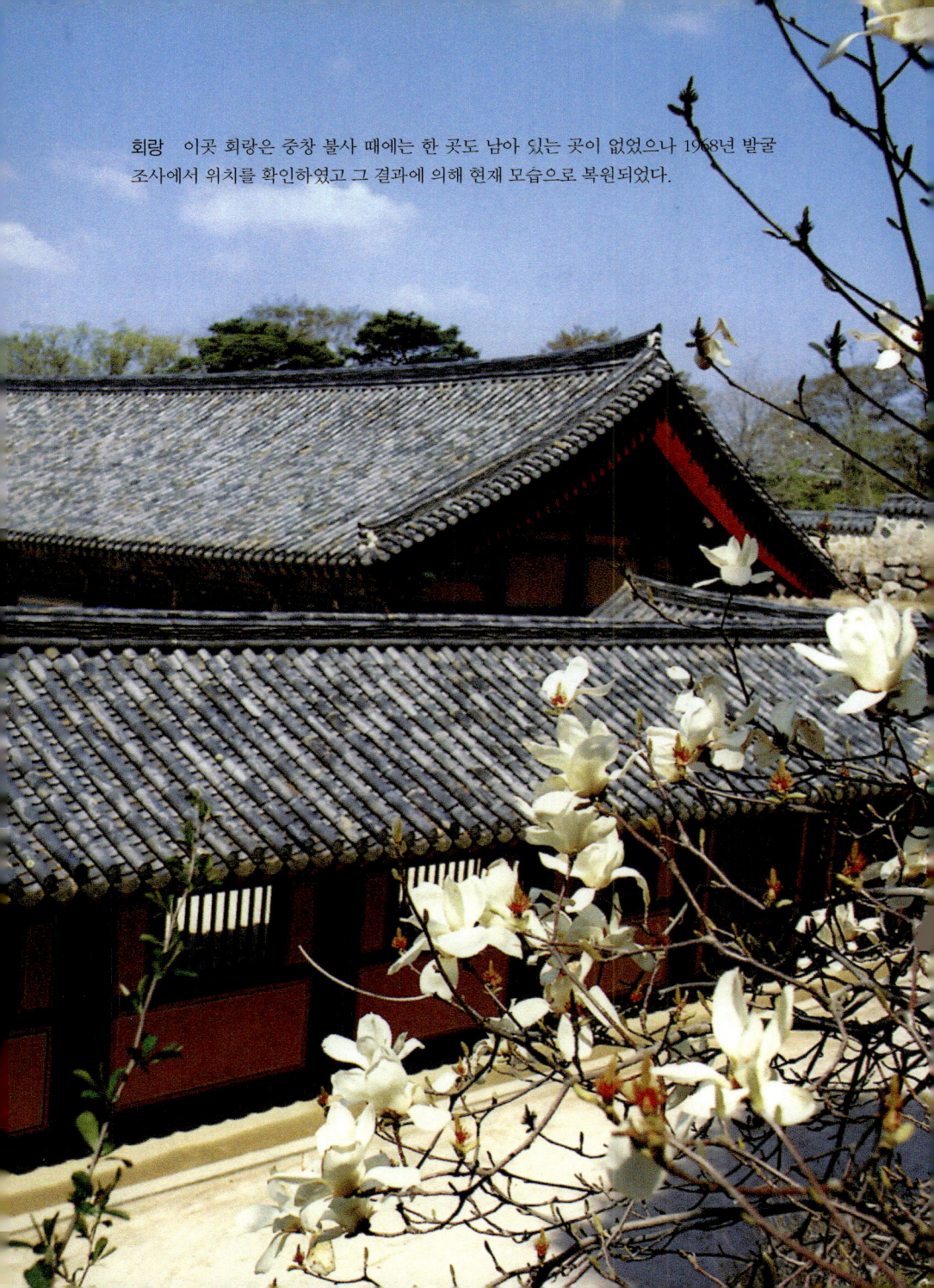

회랑　이곳 회랑은 중창 불사 때에는 한 곳도 남아 있는 곳이 없었으나 1968년 발굴 조사에서 위치를 확인하였고 그 결과에 의해 현재 모습으로 복원되었다.

극락전 일곽

극락전

이 건물은 극락전 일곽의 중심 건물로서 건물 안에는 아미타여래(阿彌陀如來)를 봉안하고 있다. 현재의 건물은 임진왜란으로 불타 버린 뒤에 영조 26년(1750)에 오환(悟還), 무숙(武淑) 등에 의해 중창된 것이 오늘에 이르고 있다. 1925년 일제 강점기 때 중수되었지만 중창 때의 모습에 비해 큰 변화가 없는 것 같다.

건물 내부의 불단은 중수 때 만들어진 것으로 전한다. 건물 내부에는 현재 아미타여래좌상이 안치되어 있는데 이 불상은 금동불로서 높이 1.8미터, 양 무릎의 너비는 1.25미터이다.

이 극락전 건물은 평면 규모가 정면 3칸(9척+18척+9척), 측면 3칸(9척+10척+9척)으로 3.5척의 기단 위에 총 높이 30.33척 크기의 건물로 정면이 측면보다 8척 정도 작은 정방형에 가까운 건물이다. 이 건물의 평면에서 특이한 점은 뒷면의 도리칸 주칸은 정면과 달리 4칸으로 한 것이며, 정면에서도 3칸이기는 하나 중앙칸에 2개의 샛기둥을 넣어 5칸처럼 보이게 한 것이다. 이는 아마 중앙칸 크기가 18척이나 되는 긴 주칸이라 위에서 오는 하중을 받기에 좀 무리라고 생각되어 보조적 기둥이 필요하였는지 모른다.

공포는 다포식으로 내외 모두 2출목을 낸 5포작으로, 살미 첨차에는 초화 무늬와 봉황 머리를 조각하여 과치장을 한 느낌을 준다.

가구 형식은 2고주 5량가 형식으로 고주머리에 퇴량을 얹었고, 고주 위에는 일반적으로 대량을 얹는 것이 상례이나 이 건물에서는 고주 위에 초화각 판재를 얹어 종도리를 그 위에 놓게 한 특이한 수법을 써서 내부 공간의 활용을 최대한 넓히려 시도하고 있다. 그러나 구조적으로

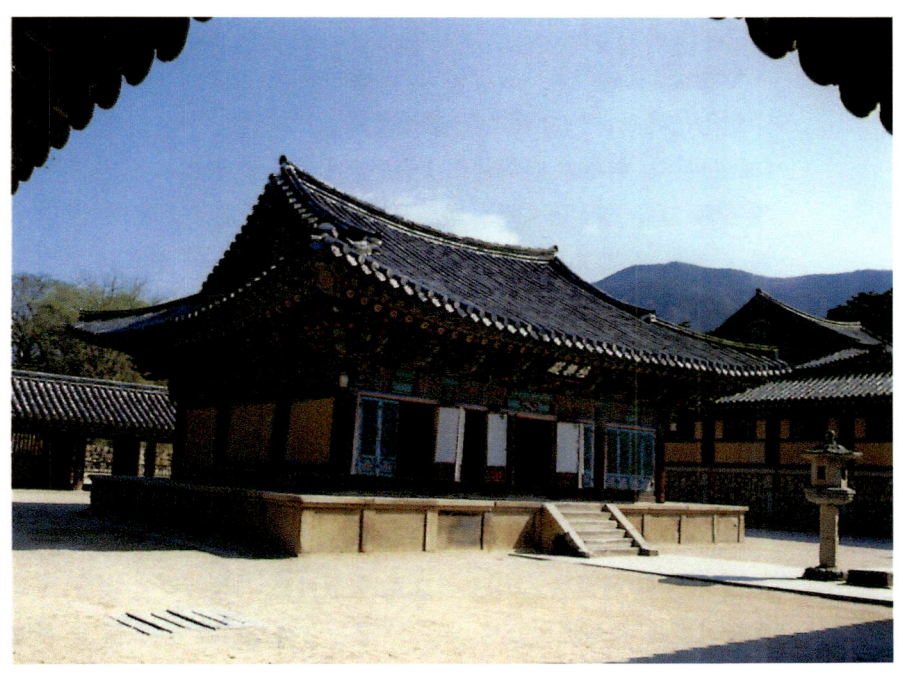

극락전 현재의 건물은 임진왜란으로 불타 버린 뒤에 1750년에 중창된 것이 오늘에 이르고 있다. 1925년 일제 때 중수되었지만 중창 때의 모습에 비해 큰 변화가 없는 것으로 보인다.

대량 없는 내부 구조를 보강하기 위해 종량 부위에서 빗장목을 상하 방향으로 끼워 넣고 초화각 판재와 종량이 일체가 되도록 한 점이 다른 건물에서는 볼 수 없다.

안양문(安養門)

안양문은 극락전 일곽의 중문으로, 안양이란 극락정토의 이명(異名)이다. 현재의 안양문은 1960년에 중건한 건물로 새로 지어진 것이며 건축 양식은 고려 양식으로 되었다. 『불국사고금창기』에 보면 6칸 건물로 되었고 전·후행랑 26칸이라 하였는데, 이 행랑이 안양문 좌우에 연결된 회랑인 것 같다. 현재의 건물은 정면 3칸 측면 2칸으로 6칸 문이며, 주심포식으로 꾸며졌다.

지금의 안양문이 있기 전에 자그마한 규모의 건물이 있었으나 퇴락이 심하고 규모도 이 사찰에는 맞지 않는다는 판단에서 헐린 것 같다. 현재의 건물은 고(故) 임천(林泉) 선생께서 설계한 건물로서 강릉 객사문과 도갑사(道岬寺) 해탈문(解脫門)을 참고한 것이다.

이 건물의 공포는 주심포식으로 헛첨차를 기둥머리에 꽂은 형식으로 1출목 주심포식으로 되고, 가구는 5량가인데 문을 달기 위해 대량 중앙에 기둥을 받치도록 하였다. 종량은 이중으로 하고 대공은 모두 화반 대공으로 고려 말, 조선 초기에 유행하던 조각 형식을 모방하였다. 처마는 겹처마이고 지붕은 맞배지붕으로 되었다.

회랑

극락전 일곽의 회랑은 1973년 중창 복원 때 전부 새로 지어진 것이다. 이곳 회랑지는 일제 때 많은 변화가 있어 원래의 모습을 찾기가 어려웠다. 특히 서회랑 부분은 회랑터라 생각되는 유구가 전혀 발견되지 않아 복원이 불가능하였다.

『불국사고금창기』에 보면 동행랑 18칸, 서행랑 18칸, 전·후행랑 26 칸으로 되어 있는데 이것이 회랑의 주칸 내용인 것 같으나 서행랑에 해당되는 위치에서 18칸이 들어설 수 있는 자리를 찾을 수 없었고 남행랑, 곧 안양문 좌·우회랑에서도 전·후행랑 26칸의 반인 13칸을 넣을 공간이 있지 않았다. 그러나 남쪽 회랑에 안양문 칸수까지 포함시키면 13칸이 되므로 『불국사고금창기』의 기록은 안양문까지를 포함시킨 칸수인 것으로 해석된다. 따라서 남회랑은 안양문을 중심으로 동쪽 및 서쪽의 칸수가 각각 10칸이 된다. 북회랑은 13칸으로 『불국사고금창기』의 기록과 일치한다. 서회랑은 14.5칸으로 『불국사고금창기』의 18칸과는 큰 차이가 있다.

회랑의 건축 양식은 대웅전 일곽의 회랑과 같이 익공식의 단랑(單廊)으로 하였으며 회랑 외측은 벽을 쳐서 폐쇄하고 내부 쪽은 개방시켰다. 회랑의 문은 동회랑에서는 북쪽에서 2, 3번째 칸에 문을 내고 북회랑에서는 서쪽으로부터 6, 7, 8번째 칸에 문을 개설하여 극락전 일곽의 후정으로 통하게 하였다. 이 회랑의 건축 양식은 대웅전 일곽의 회랑과 같다.

비로전 및 관음전 일곽

비로전(毘盧殿)

이 건물은 무설전 후방 서쪽에 자리 잡고 있다. 이 건물에는 비로자나불을 모셨다. 『화엄경』 사상에 따르면 비로자나불은 모든 부처님의 본체, 곧 진리의 몸이다. 바이로챠나(Vairocana) 또는 비로챠나(Virocana)란 산스크리트 말을 한자음으로 음역하여 '비로자나' 또는 '비로사나'라 부

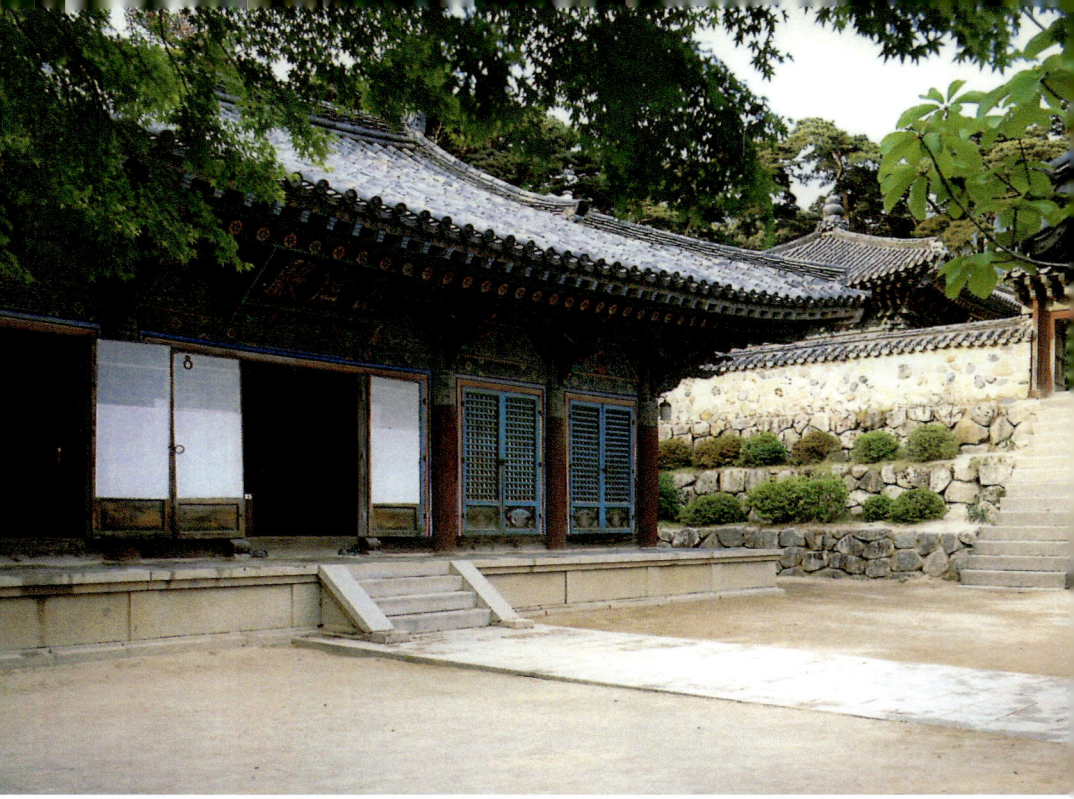

비로전　무설전 후방 서쪽에 자리 잡은 건물로 1973년 중창 불사 때 다시 새롭게 지었다. 현재의 건물은 정면 5칸, 측면 3칸이라 뒷면은 정면 쪽보다 1칸 많은 6칸으로 되었다.

른다. 이 뜻은 '빛을 발하여 어둠을 쫓는다'는 뜻이다.

　비로전은 751년에 창건되고 1593년에 임진왜란으로 불타 버린 뒤 현종 원년(1660)에 중수되었으나 그 뒤 황폐되어 터만 남아 있던 것을 1973년 중창 불사 때 다시 새롭게 지은 건물이다. 중창 전 이 건물터는 발굴 조사를 통해 평면 규모 및 그 내용이 밝혀져 그 근거에 의해 평면이 복구되었으며, 지상 건물은 어떠한 것인지 알 수 없어 고려시대 건물 양식으로 복원되었다. 현재 이 건물에는 극락전에 있었던 높이 1.8미터, 폭 1.36미터의 금동제 비로자나불이 안치되어 있다.

현재의 건물은 정면 5칸, 측면 3칸인데 정면이나 측면 모두 어간을 양옆의 협간, 툇간보다 훨씬 넓게 잡아 대웅전이나 극락전과 같은 주칸 크기 비를 보인다. 이 건물에서도 뒷면은 정면 쪽보다 1칸 많은 6칸으로 되었다.

건물 내부에는 앞뒤에 각각 2개의 안두리 고주를 세웠는데 이는 철저히 감주법을 채용한 예라 할 수 있다. 공포는 주심포 형식으로 고려기에 많이 사용된 형식을 취하였고, 가구는 2고주 9량가로 대·중·종량의 삼중보를 얹은 형식이다. 또한 감주(減柱)로 인해 내부 측면 1칸이 고주(高柱) 없이 보가 가로질러 가야 하므로 측면에서 고주로 향하는 퇴량이 그 부재의 퇴량이 되고 거기에 대량을 끼워 맞추는 형식으로 되어 다른 건물에서 별로 보이지 않는 구조법을 사용한 것이 특징적이라 할 수 있다.

관음전

이 관음전은 무설전 후방 동쪽 가장 높은 위치에 있다. 원래는 751년에 창건되었으나 그 뒤 조선 성종 원년(1470)에 중수되고 임진왜란 때 불타 없어졌던 것을 선조 37년(1604)에 해청(海淸) 스님이 중창했고 그 뒤 다시 숙종 21년(1695), 44년(1718)에 두 차례 중창되었다가 그 뒤에 어느 때인지 없어진 것을 1973년에 새로 복원하였다.

원래 이 건물 안에는 관세음보살상(觀世音菩薩像)이 안치되어 있었다. 이 관음상은 신라 경명왕 6년(922)에 경명왕비가 낙지공(樂支工)에게 명하여 전단향목(栴檀香木)으로 만든 것이었다고 한다. 이 관음상은 조선 현종 15년(1674), 숙종 27년(1701), 영조 45년(1769)의 세 차례에 걸쳐 개금(改金)되었다고 하나 그 이후 없어졌다고 생각된다.

이 건물은 정면 3칸, 측면 3칸의 규모로 거의 정방형의 건물이다. 내부에는 안두리기둥이 4개 있고 다포식의 사고지붕 형식을 취하고 있다.

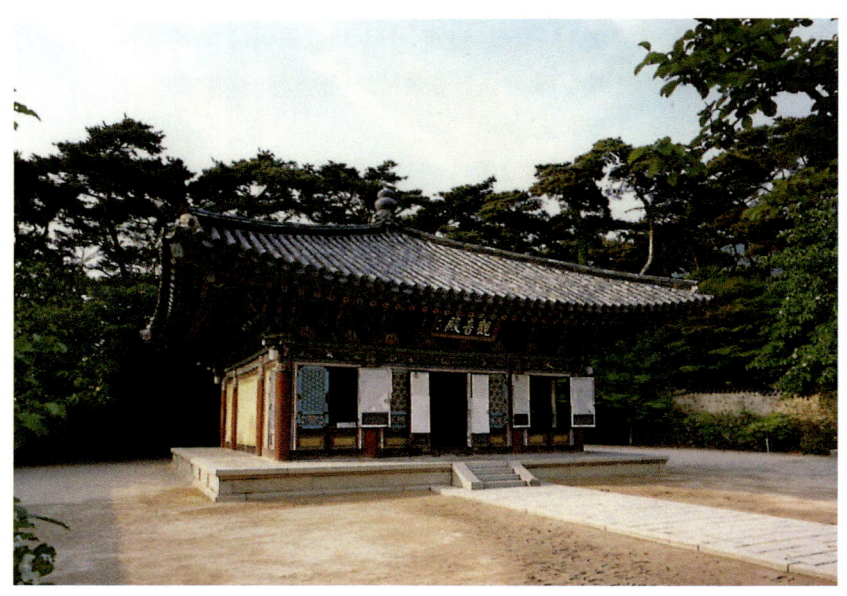

관음전 무설전 후방 동쪽 가장 높은 위치에 있는 건물로 1973년 중창 불사 때 새로 복원한 건물이다.

이 건물 역시 정면이나 측면의 어간이 양측 주칸에 비해 2배 가까이 되어 중앙칸을 특히 강조한 느낌이 들며, 이로 인해 구조적으로는 어간에 무리가 간다고 생각되지만 정면이나 뒷면 어간에는 문선(門楣)을 샛기둥과 같은 역할이 되도록 튼튼한 부재를 사용하여 이를 보완하고 있다.

공포는 내외 2출목 5포작으로, 외부 살미는 건실한 쇠서형(牛舌形)을 조각하고 내부는 교두형(翹頭形)으로 하였다. 가구 형식은 2고주 5량가로 하고, 종량 위는 심주를 세워 절병통(節瓶桶)의 심주로 하고 이곳에 추녀 뿌리가 모이도록 하였다. 천장은 내진에 우물천장, 외진은 빗천장으로 하고 바닥 면에는 전돌을 깔았다.

기타 건물

일주문

1973년 불국사 중창 복원 때 새로 지은 건물로 '일주문'이라 명명되었다. 이 문은 불국사 경역의 서쪽에 위치하며, 이곳의 택지 선택은 무슨 근거가 있어 택한 것이 아니다. 전체 불국사 공사가 완료되면서 진입을 서쪽에서 하도록 결정됨에 따라 자연적으로 경내 서단(西端)이 택하여지게 되었다. 일주문의 건축 구조 양식은 조선시대의 것으로 하고, 규모는 현존하는 일주문 가운데 가장 크게 계획되었다.

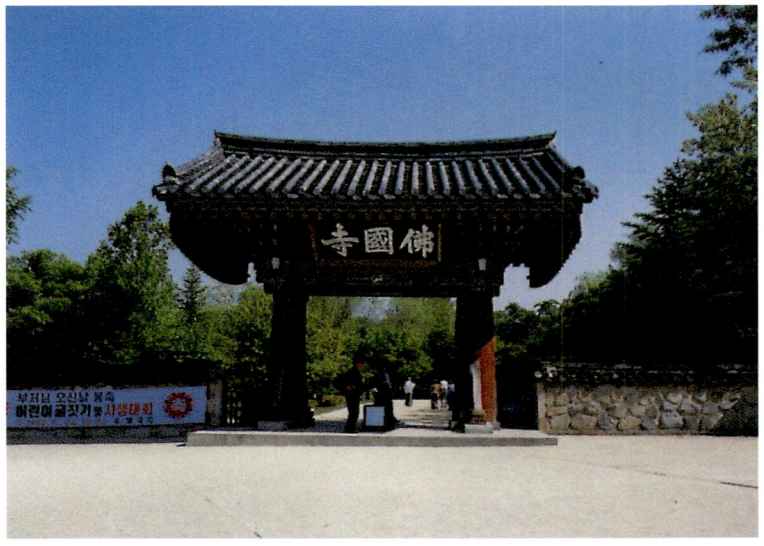

일주문 원래 있던 것을 복원한 것이 아니고 대대적인 복원·중창 불사에 따른 진입로 변경에 맞추어 적절한 위치에 세운 것이다. 이 일주문은 우리나라 사찰 일주문 가운데 가장 규모가 큰 것이다.

이 일주문은 3칸문(三間門)으로 주(主)된 기둥은 원주(圓柱)를 세우고 보조 기둥은 팔각으로 세워 상부 구조를 받도록 되었다.

기둥과 기둥 사이는 창방으로 연결하고 기둥머리에 평방을 얹고 다포의 공포로 짰다. 출목은 내외 모두 6출목으로 하여 역삼각형으로 소첨, 대첨을 짜 맨 위에 보를 걸고 외목도리를 얹어 서까래를 걸었다. 그러나 공포 짜임은 일반적인 다포 짜임과 달리 맨 아래에 주두(柱頭) 3개를 놓고 살미와 첨차를 결구(結構)해서 포작은 결국 내외 모두 9포작처럼 보인다.

측면에는 방풍판(防風板)을 달아 비바람을 막게 하고 기둥뿌리 부분에는 신방목(信枋木)을 넣어 보조 기둥을 세우게 하였다. 이 일주문은 우리나라 일주문 가운데 규모가 가장 큰 일주문이다.

불국사의 유물

불국사에는 『법화경』과 『무량수경』과 『화엄경』에 근거한 세 불국토(佛國土)가 모여 있음은 이미 앞에서부터 살펴왔다.

대웅전을 중심으로 하는 석가모니불의 사바세계, 극락전을 중심으로 하는 아미타불의 극락세계, 비로전을 중심으로 하는 비로자나불의 연화장세계, 이 셋은 이 땅이 곧 불국토라는 신라인의 염원, 이상적인 피안의 세계를 그대로 옮겨 놓은 것이다.

이 불국토는 갖가지 불교 미술로 장엄된다. 그 장엄은 당대의 솜씨를 최대한 발휘하여 정성껏 이룬 것이기에 당시 신라 문화의 정수를 그대로 옮겨 놓은 것이다.

오늘날 불국사에 남아 전하는 유물들은 극히 일부분에 지나지 않지만 여기에는 8세기 중엽에 꽃피웠던 신라 문화의 국제성과 독창성, 신라인의 높은 예술적 창의력이 응집되어 있다. 이들은 살아 있는 생명체로서 지금까지 신라의 예술혼을 생생하게 전해 준다.

금동 비로자나불 좌상
(국보 26호, 높이 1.77미터)

극락전의 금동 아미타불 좌상과 현재 국립경주박물관에 있는 백률사(栢栗寺) 금동 약사여래 입상과 더불어 통일신라 3대 금동불의 하나이다. 원래 대웅전에 모셔져 있었지만 일제 때 아미타불상과 함께 극락전으로 옮겨졌고, 그 뒤 현재 비로전 주존불로 안치되었다.

이 비로자나불은 통일신라 절정기 조각에 비해 약간 형식화의 경향을 띠면서도 아직 당당함을 잃지 않은 우수한 불상으로, 극락전의 아미타불과 동일한 조각 수법과 양식적 특징을 보여 주며 얼굴 표정, 표면 처리, 옷주름 표현, 신체 조형 등은 백률사 금동불과 매우 가깝다. 양손은 비로자나불 특유의 수인인 지권인(智拳印)을 맺었지만 통식과는 달리 좌우 손의 위치가 서로 바뀌어 곧추세운 오른손 검지를 왼손으로 감싸 쥔 형식이 특징이다. 이러한 예는 광주 증심사(證心寺) 철조 비로자나불 좌상 등 일부의 경우에서 찾아볼 수 있다.

얼굴은 풍만한 듯하지만 이미 도식화가 시작되어 탄력성이 줄어들었고, 전체적으로 근엄한 인상이 강하다. 가슴의 당당한 모습도 여전하지만 약간 밋밋하여 생동감이 약화되었고, 젖꼭지까지 사실적으로 나타냈지만 극락전의 아미타불과는 달리 그 밑에 음각한 젖가슴 윤곽은 표현되지 않았다. 오른 어깨가 드러나게 입혀진 대의(大衣)는 완만한 곡선을 그리며 층단식으로 표현하였으며, 무릎 윗부분은 옷주름을 생략하여 팽창된 조형성을 효과적으로 나타냈다.

가부좌한 양발 사이로 늘어진 옷자락도 석굴암 본존불의 부채살 모양과는 달리 두 갈래로 단순화되어 있다. 전체적으로 옷주름은 완만한 곡선을 그리며 층단식으로 나타냈지만, 옷주름이 절제되어 몸의 양감

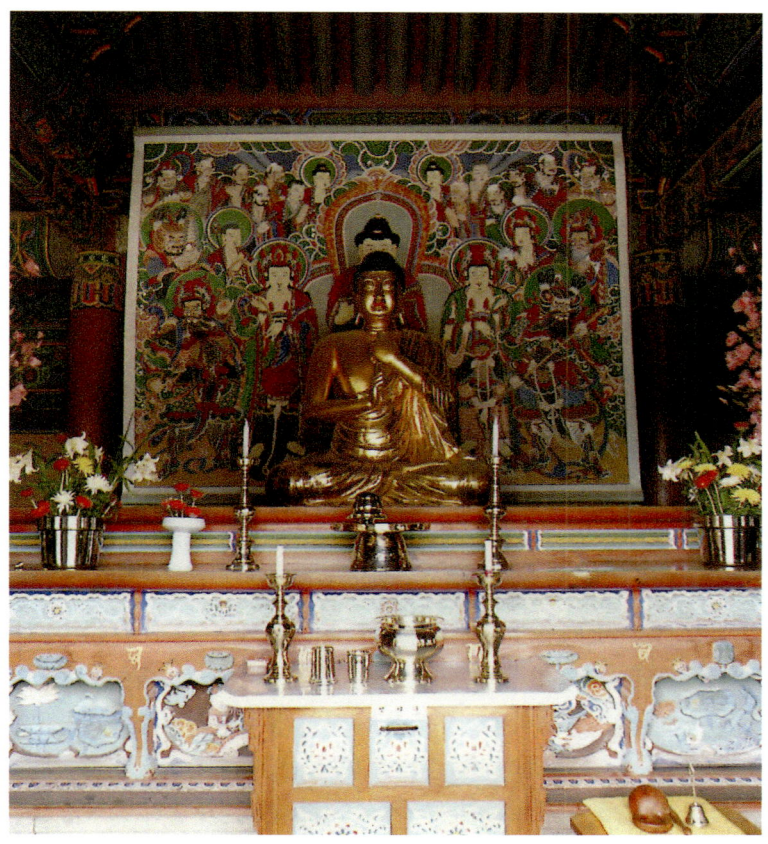

금동 비로자나불 좌상 현재 비로전 주존불로 안치되어 있다. 지금까지 이 불상은 불국사가 창건된 8세기 중엽에 조성된 것으로 보아 왔지만 통일신라 후기 조각 양식으로 연결되는 8세기 후반의 우수한 작품이다. 국보 26호, 높이 1.77미터.

이 더욱 돋보이면서도 탄력성이 결여되어 약간 느슨한 느낌을 준다. 그러나 왼팔 뒤쪽으로 늘어진 옷자락에는 8세기의 소형 금동불에서 크게 유행했던 번파식(翻波式) 옷주름의 여운이 아직 남아 있다. 여기서 말하는 번파식 옷주름이란 중국의 경우 성당 조각에서 흔히 보이는 물결의 여운처럼 높은 옷주름 사이사이에 낮은 옷주름이 매우 강하고 예리하게 반복되는 사실적인 옷주름을 가리킨다.

일반적으로 비로자나불은 특이한 수인 때문에 통견(通肩)으로 처리하는 것이 쉬우며 실제로 대부분의 비로자나불은 이 형식을 취하고 있다. 그러나 이 불상처럼 편단우견으로 처리할 경우 신체 처리에도 신경을 써야 하고, 또 오른팔과 몸이 분리됨으로써 생기는 공간 처리가 쉽지 않다. 이런 점에서 편단우견식으로, 법의를 착용하면서 신체 표현에도 역점을 둔 이 상은 뛰어난 조형성을 보여 주고 있다. 편단우견의 비로자나불로서 통일신라시대의 것으로는 장곡사(長谷寺)와 각연사(覺淵寺) 그리고 경북대학교에 있는 것뿐이다.

이 상은 실납법(失蠟法)에 의해 주조된 내부 중공식(中空式)의 금동불로서 어깨 밑에 남아 있는 결합 흔적으로 미루어 양팔은 두 부분으로 나누어 따로 주조한 뒤 다시 신체와 결합하여 주조하였음을 알 수 있다. 오른 팔꿈치 아랫부분은 얇게 땜질하여 보수하였다. 신체 뒷면에도 대의의 옷자락이 조각되어 입체상의 면모를 갖추고 있으며, 양어깨 사이에는 세로로 달린 광배꼬다리 2개가, 후두부에는 광배를 달았던 자리가 남아 있다.

지금까지 이 불상은 불국사가 창건된 8세기 중엽에 조성된 것으로 보아 왔지만, 위에서 살펴본 양식상의 특징에 비추어 통일신라 후기 조각 양식으로 연결되는 8세기 후반의 우수한 작품이라 할 수 있다. 이 불상이 만약 불국사가 창건되는 8세기 중엽에 조성되었다고 본다면 현재 우리나라에서 가장 오래된 비로자나불로 알려진 경남 산청의 내원사(內院寺) 석조 비로자나불(766년)보다 이른 시기의 작품이 된다. 그러나 이 경우 내원사 상과의 양식을 비교, 설명함에 있어 곤란한 문제점이 있다.

이 밖에도 이 금동불에 나타난 긴장감과 탄력성이 사라진 양식상의 특징을 들어 불국사에서 화엄 결사(華嚴結社)가 이루어지는 진성여왕(眞聖女王) 원년(887)에 헌덕대왕(憲德大王)의 후비로 추정되는 '수원(秀圓)'이라는 비구의 발원으로 조성된 것으로 보는 견해도 있다.

금동 아미타불좌상
(국보 27호, 높이 1.66미터)

극락전의 본존불로 봉안된 이 금동불은 비로전의 아미타상과 동일한 조각 기법과 양식 그리고 주조 기법을 보여 준다. 양손은 각각 엄지와 검지를 구부려 아미타구품인(阿彌陀九品印) 가운데 하품중생인(下品中生印)을 맺었지만 앞의 비로자나불처럼 좌우 손의 위치가 서로 바뀐 점이 특징이다.

약간 근엄한 표정을 지은 네모나고 넓적한 얼굴과 짧은 목에 뚜렷한 삼도(三道), 지극히 절제된 옷주름 때문에 더욱 돋보이는 신체 양감, 그러면서도 탄력성이 조금 결여되어 느슨한 느낌을 주는 옷주름 처리와 번파식 옷주름의 여운 등에서 비로전의 비로자나불과 같은 시기에 같은 조각공에 의해 만들어진 것으로 보인다. 옷주름은 왼쪽 어깨 위에서 융기선의 곡선을 그리며 흘러내렸고, 왼팔을 덮어 내린 소맷자락의 주름도 유연하게 처리되었다. 머리 뒤에 광배를 부착시켰던 자리가 있고, 양 어깨 사이 두 곳에도 광배꼬다리가 달려 있어 그 위치로 보아 원래는 거신 광배(擧身光背)였던 것으로 보인다.

전반적으로 매우 당당한 모습을 보이면서 신체 조형과 옷주름 처리가 매우 사실적인 반면 얼굴에 근엄한 인상이 뚜렷하고 또 옷주름 처리에도 도식화의 경향이 엿보이고 있어 비로자나불과 마찬가지로 통일신

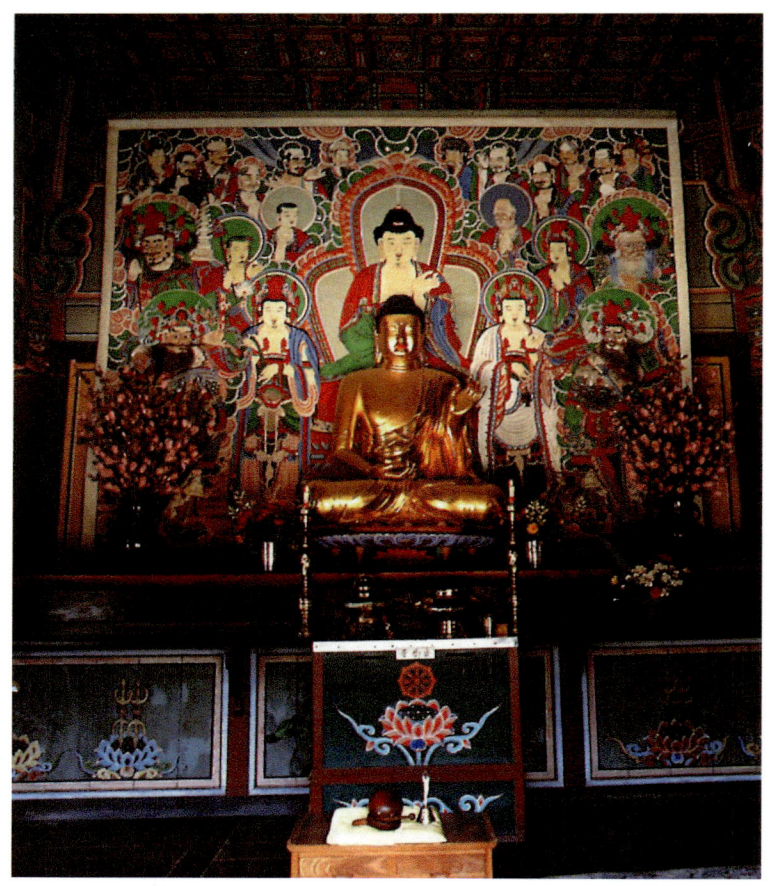

금동 아미타불 좌상 현재 극락전의 주존불로 안치되어 있다. 이 불상은 비로전의 아미타상과 동일한 조각 기법과 양식 그리고 주조 기법을 보인다. 국보 27호, 높이 1.66미터.

라 후기 조각 양식으로 연결되는 8세기 후반의 작품으로 생각된다. 그러나 이 불상의 조성 시기 역시 8세기 말 내지는 9세기 초로 보는 다른 견해도 있다.

다보탑
(국보 20호, 높이 10.4미터/기단 폭 4.4미터)

대웅전 앞에 동서로 나란히 서 있는 석가탑과 다보탑은 불국사에 담긴 신라인의 염원과 이상, 예술혼의 결정체이다. 다보탑은 방형 평면을 기본으로 하지만 방형과 팔각을 조화롭게 반복시켜 전체적으로 불법의 무량한 공덕과 무궁무진한 정신력 그리고 청정한 자비심을 상징한다.

기단은 높은 단층의 방형 기단으로, 사방에 10단의 계단이 개설되어 있다. 이 돌계단의 입구에 세워진 돌기둥 뒷켠에는 동자주(童子柱) 모양을 양각하고 기둥머리 위에 둥근 구멍이 패어 있어 원래는 이 돌기둥과 연결되는 난간이 있었던 것으로 보인다. 기단을 덮은 갑석의 네 귀에는 원래 네 마리의 사자를 배치하였지만 일제 때 일본으로 반출되고 현재는 한 마리만 남아 있다. 사자는 당사자(唐獅子)를 연상시키지만 탑의 뛰어난 조형성에 비해 약간 투박한 느낌을 준다.

갑석의 네 모서리와 중앙에는 네모진 돌기둥을 세웠는데, 모서리 기둥의 머리에는 十자형으로 교차하는 반원형의 주두(柱頭)를 얹고 이 위에 다시 井자형으로 조합된 미석(楣石)을 놓아 위의 옥개를 받게 하였다. 중심주는 찰주(擦柱)처럼 탑 전체를 관통하지 않고 머리 위에 2단의 괴임이 있는 방형석을 놓아 이 방형석이 옥개를 받도록 가구되어 있다. 이러한 기둥머리 위의 구조는 목조 건축에서의 두공(斗拱)을 연상시킨다. 개석은 신라의 일반형 석탑과는 달리 낙수 면의 경사가 얇고 네 귀에서만 예리한 전각을 이루어 익산 미륵사지 석탑에서 비롯된 백제계 석탑의 옥개석을 연상시킨다.

개석 윗면에는 기단처럼 각진 괴임돌을 놓고 이 위에 네모진 난순(欄楯)을 가설, 속에 팔각 원주형의 탑신이 3층으로 쌓여 있다. 따라서 난순

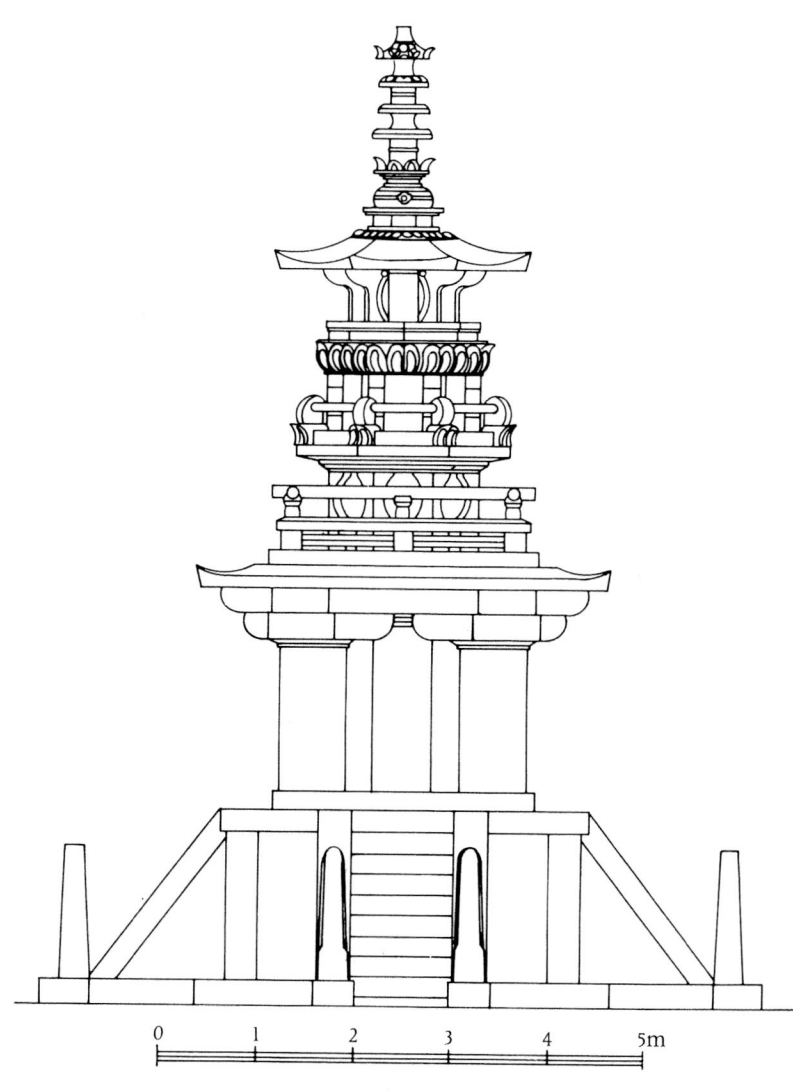

0　　　1　　　2　　　3　　　4　　　5m

다보탑 정면도(『국보(탑파)』)

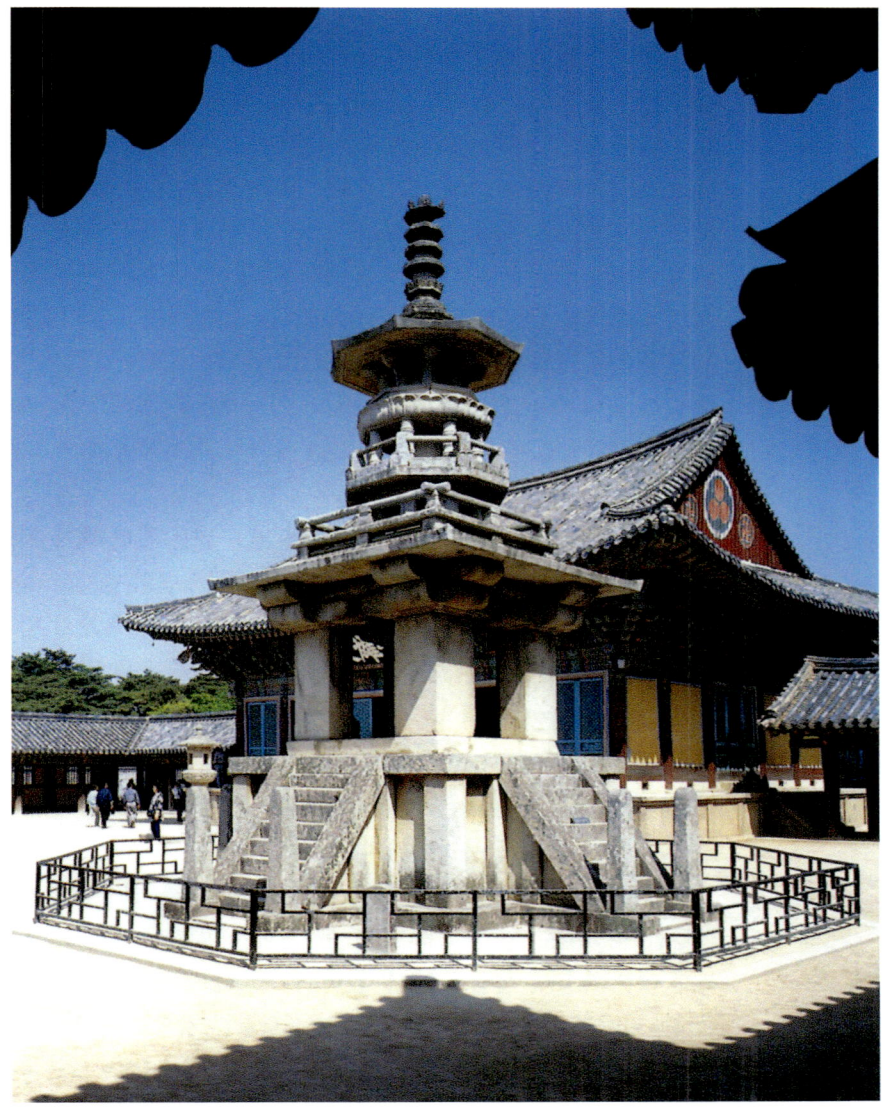

다보탑 국보 20호. 높이 10.4미터, 기단 폭 4.4미터.

과 갖가지 장엄 장식에 의해 숨겨져 있는 탑신은 약간 번잡한 듯하지만 각 층마다 높이와 너비, 형태를 각각 달리하여 조화의 미를 마음껏 발산한다. 아래층의 둘레에는 가운데가 잘록하고 위아래로 발이 달린 8개의 다리를 세워 다시 위의 팔각형 난순을 받는다. 이 난순의 여덟 모서리에는 각각 곧추선 연꽃 한 송이씩을 배치하고 그 속에 장방형과 원형의 가구목으로 연결된 난순을 둘렀다.

이 팔각 난순 속에는 다시 대쪽 모양의 다리 8개를 둘러 세워 위층의 연화대석을 받도록 하였다. 연화대석 바깥에는 모두 16잎의 복판 앙련(複瓣仰蓮)이 조각되어 있고, 이 위에는 1단의 받침대석을 놓고 그 위에 다시 뒤집힌 신발 모양의 기둥 8개를 둘러서 3층째의 탑신을 둘러싸면서 동시에 위에 있는 팔각의 옥개석을 받게 하였다.

옥개석은 옥개 받침 없이 처마 안쪽에 넓고 얕은 홈만 패어 있는데, 지붕은 여덟 모서리마다 반전이 경쾌하고 낙수 면의 합각도 예리하며, 처마 끝에는 넓적한 낙수 홈이 얕게 패어져 있다. 옥개석 윗면의 노반(露盤)과 만나는 부분에는 복엽의 작은 연꽃을 둘러놓았다. 옥개 위에는 팔각의 낮고 각진 2단 괴임을 새겨 이 위에 팔각 노반, 원형 복발(覆鉢), 팔각 앙화(仰花), 삼륜의 보륜(寶輪)을 순서대로 얹고 정상에 보개(寶蓋)를 덮은 뒤 이 위에 후보한 것으로 보이는 보주(寶珠)를 올려놓았다.

이 석탑은 1925년경 일본인에 의해 전면 해체, 보수되었지만 아무런 보고서도 남기지 않고 또 탑 속에서 발견된 사리 장엄구 등의 많은 유물도 행방을 알 수 없어 큰 아쉬움을 남기고 있다.

'다보탑'이란 명칭은 『법화경』 '제4 견보탑품(見寶塔品)'에서 "부처가 법화경의 진리를 설법할 때 그 앞에 높이 500유순(由旬; 유순은 약 40리)의 칠보(七寶)탑이 나타나 탑 속의 다보불이 석가불을 위해 자리 반쪽을 비워 나란히 앉도록 했다."는 내용에서 비롯되었다. 배치를 동쪽으로

한 것도 '견보탑품'의 내용 그대로이다.

이 다보여래는 석가모니 이전의 과거불로서 영원한 법신불인 다보여래와 보신불(報身佛)인 석가모니불이 이곳에 항상 머무른다는 상징성을 지니고 있다. 그러나 '견보탑품'에서는 이 탑의 모습을 "높이가 500유순, 폭이 250유순으로 땅에서 솟아 나와 공중에 머무르니 갖가지 보물로 장엄한다. 5천의 난순, 무수한 당번(幢幡)으로써 장엄한다."라고만 하여 더 이상 구체적인 모습은 언급하고 있지 않다.

그래서 우리는 종종 불국사의 다보탑이 과연 몇 층인가 하는 문제에 부딪히게 된다. 외형상으로는 개석 위의 난순에 둘러싸인 것을 탑의 주체부로 본다면 3층 탑으로 볼 수 있다. 그러나 이 주체부가 편평한 개석 위에 있다는 사실을 중시한다면 그 아래에 4개의 기둥으로 개방적인 공간을 구성한 부분을 하나의 층으로 보아 4층이라고 할 수도 있다. 그러나 이 다보탑이 몇 층인가 하는 외형상의 형식은 전혀 문제가 되지 않는다. 탑신 제1층째의 팔각형 탑신은 제2층째의 팔각형 난순을 받는 8개의 다리 속에 숨겨져 있고, 2층과 3층째의 탑신도 각각 난순과 연화대석을 받는 8개의 다리 속에 숨겨진 사실을 중시한다면 무급(無級)의 탑이라고도 할 수 있다. 이렇게 본다면 감추어진 탑신은 무형(空)의 존재이다. 그러면서도 팔각 원형의 탑신 자체는 분명히 편평한 개석 위에 얹혀있으므로 유형(有)의 존재인 동시에 공의 존재라고도 할 수 있다.

중국의 경우 남북조시대부터 이러한 법화 사상에 근거해서 석가, 다보의 두 부처를 나란히 새긴 다보탑이 많이 조성되었지만 외형은 일반적인 탑과 큰 차이가 없다. 층수는 3층이 많지만 이것도 고정된 것이 아니어서 9층 탑도 있다. 일본의 다보탑은 윗부분을 둥글게 한 원통형의 탑신 위에 네모진 기둥을 세우고 위에 상륜을 얹은 단층 또는 2층의 형태가 일반적이다. 그러나 그 어느 곳에서도 우리의 다보탑처럼 변화무

쌍하면서도 『법화경』의 진리를 이상적으로 구현한 탑은 찾을 수 없다. 신라의 장인은 예술 표현에 있어서 일정한 틀에 얽매이지 않고 언제나 새로운 표현 방법을 추구하였던 까닭에 이러한 다보탑 형식이 창안될 수 있었을 것이다.

결국 이 다보탑 자체가 진실된 법신 그 자체이자 깊은 우주의 진리인 셈이다. 이 불국사의 다보탑 앞에서 우리는 견고한 백색의 화강암으로 불법의 진리를 이토록 조화롭게 조형화한 신라인의 높은 예술적 창의력을 체험하게 된다.

석가탑
(국보 21호, 높이 8.2미터/기단 폭 4.4미터)

석가탑은 다보탑의 여성적인 섬세한 아름다움과는 대조적으로 간결하면서도 힘이 충만된 남성미를 발산한다. 탑신의 조화로운 비례와 경쾌한 외관을 뽐내는 이 석가탑은 신라 석탑 양식의 완성형이다.

여러 매의 큰 돌로 구성된 지대석 위에 설치된 기단부는 하층 기단이 한 몸으로, 사잇돌(中石)은 9매로, 갑석은 4매로, 상층 기단 역시 4매의 돌로 구성되었다. 하층 기단의 중석 모서리와 그 사이에는 2개의 모서리 기둥(隅柱)과 받침 기둥(撑柱)이 새겨졌고, 윗면이 약간 경사진 갑석 중앙에는 둥그스름한 2단 괴임이 있다. 하층 기단보다 훨씬 높아진 상층 기단 역시 각 면에 2개의 우주와 탱주가 새겨졌으며, 갑석의 밑에는 부연(副椽)이 있고 윗면 중앙에는 2단의 각진 괴임이 조각되었다.

탑신부는 각 층마다 몸체(屋身石)와 지붕돌(屋蓋石)이 각각 한 몸으로 구성되었는데 네 모서리의 우주는 기단부와 마찬가지로 부조되었으며,

옥개석의 아랫면에는 5단의 층급 받침이, 윗견에는 네모진 옥신 받침이 부조되어 있다. 옥개석 지붕의 내림마루면은 약간의 경사가 지는 일반적인 경향과는 달리 경사 없이 직선적이며, 처마 끝은 아랫면이 직선적인 반면 윗면 양끝의 내림마루 합각 부분은 날카롭게 반전되어 경쾌한 외형미를 보여 준다. 상륜은 원래 노반과 톱발, 앙화만 남아 있었으나 1973년의 불국사 복원 공사 때 남원 실상사(實相寺) 3층석탑의 상륜부를 본떠서 현재의 모습으로 복원되었다.

이 석가탑 주위의 지면에는 네 모퉁이와 각 변 중앙에 8잎의 수려한 연꽃이 조각된 8개의 원형 연대(蓮臺)를 배치하고, 이 연대 사이사이는 2매씩의 장방형 돌로 연결하여 탑구(塔區)를 설정해 놓았다. 『불국사고금역대기』에서 말하는 '팔방금강좌대(八方金剛座臺)'가 바로 이것이다. 이는 청정한 성역으로서 탑의 구역을 표시한 것으로, 연꽃 한 송이에 1보살씩 모두 8보살이 자리 잡는 성스러운 자리, 또는 탑에 대한 여러 불·보살의 찬양 자리라고도 할 수 있다. 연대는 없지만 탑 주위에 네모진 탑구를 설치한 예는 후대에도 자주 등장하는데, 이러한 탑구의 설치는 후대 석탑의 상층 기단에 팔부중을 조각하고자 하는 의도의 표현으로 해석된다.

신라의 석탑은 재래의 방형 다층루(方形多層樓) 형식의 목탑과 중국의 수·당시대 이후에 갑자기 융성하는 전탑(塼塔) 요소를 혼합, 석재가 갖고 있는 특성을 살리면서 세부에 독특한 변화를 주어 전체적으로 간명한 표현을 갖도록 발전되었는데, 이러한 신라 석탑 양식의 정형화는 이 석가탑에 의해서 완성된다. 신라 석탑의 정형화는 통일 초기의 고선사지(高仙寺址) 3층석탑이나 감은사지 동·서3층석탑 등에서 이미 이루어지고 있었다. 종래의 단층 기단이 상하 2층으로 바뀌고 갑석 윗면에 각지고 둥근 2단의 괴임이 놓이며, 옥신석에는 2개의 우주가 배치되고 옥

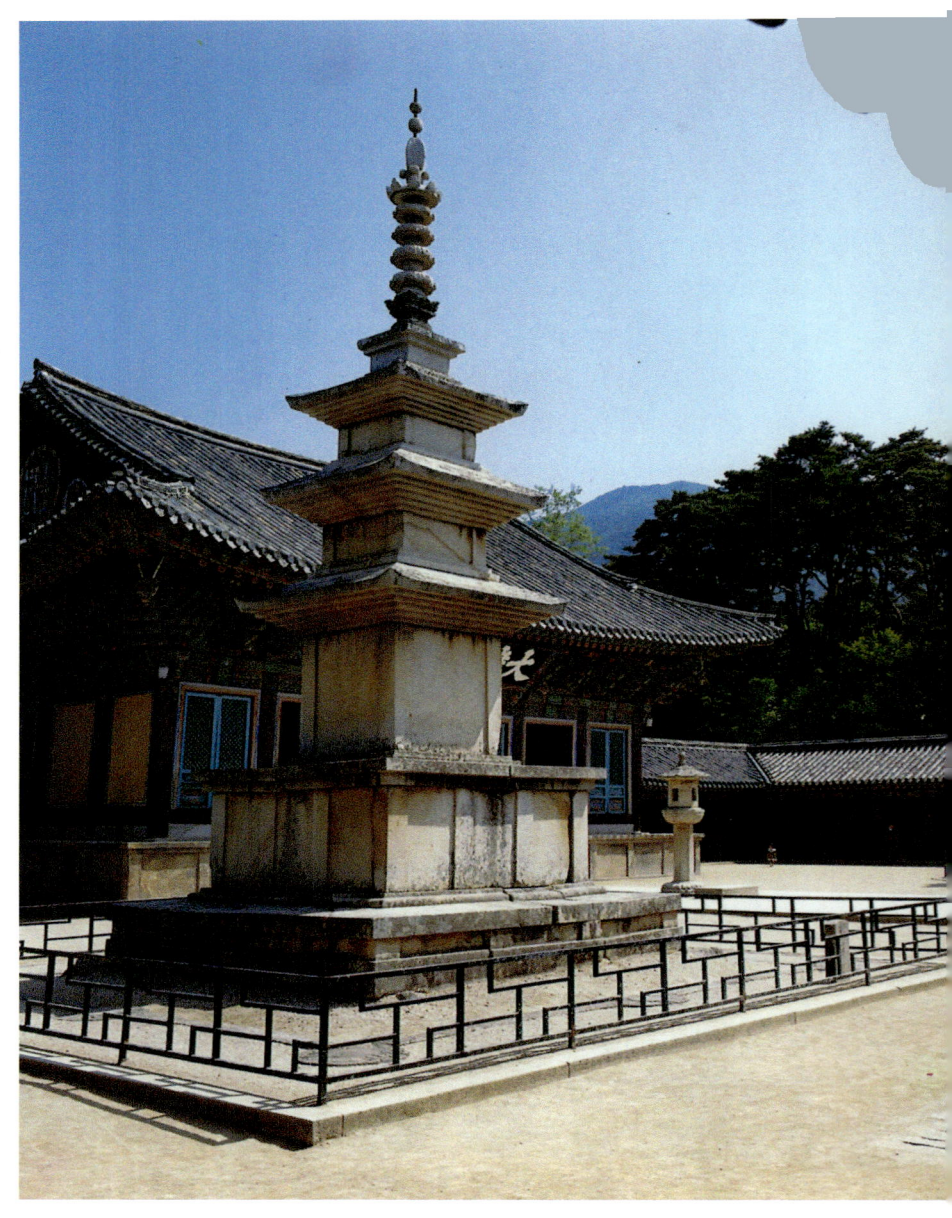

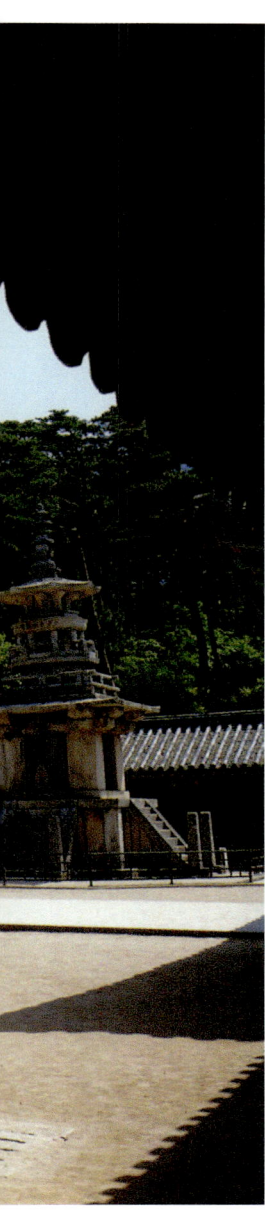

석가탑 이 탑은 다보탑의 여성적인 섬세한 아름다움과는 대조적으로 간결하면서도 힘이 충만된 남성미를 발산한다. 탑신의 조화로운 비례와 경쾌한 외관을 뽐내는 이 탑은 신라 석탑 양식의 완성형이다. 국보 21호. 높이 8.2미터, 기단 폭 4.4미터. (왼쪽, 아래)

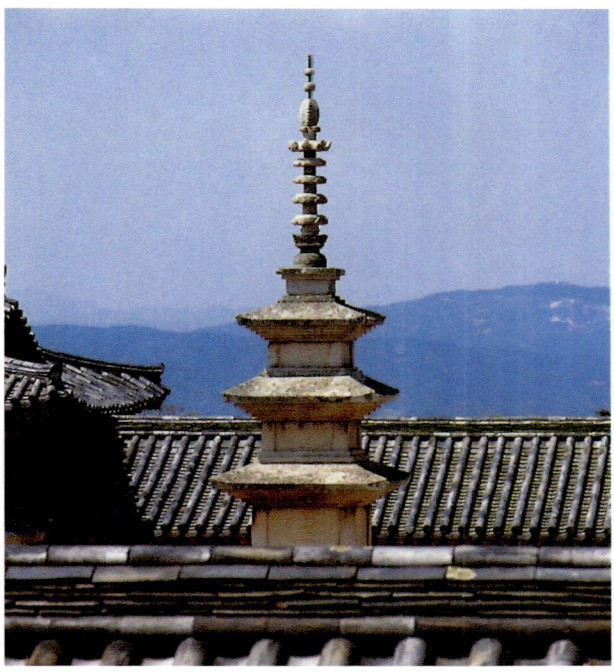

개석의 추녀 끝은 폭이 좁아지면서 낙수 면과 만나는 모서리는 예리한 전각을 이룬다. 옥개석 밑의 층급 받침은 5단으로 고정되며 탑신부도 초층은 높지만 2층부터는 체감률이 급격히 높아진다.

　석가탑도 이러한 통일 초기 석탑 양식의 대세를 따르고 있지만 이를 보다 간략화하면서 석재가 갖고 있는 특성을 최대한 살려 하나의 완성된 양식을 확립하게 된다. 곧 가능한 한 목탑이나 전탑적인 요소를 살리려던 통일 초기의 석탑에 비해 이 석가탑에서는 전체 규모나 각 부위에

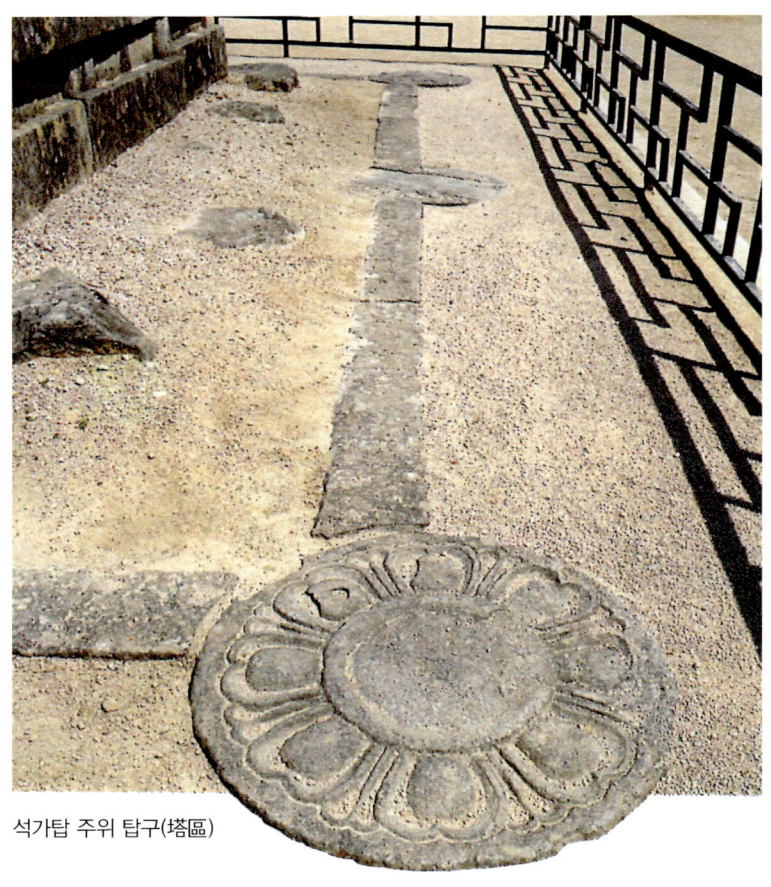

석가탑 주위 탑구(塔區)

이용된 석재의 수가 줄어들고, 하층 기단 내부의 탱주 수도 종래의 각 면 3개에서 2개로 줄어들며, 다른 돌로 끼워지던 탱주나 우주도 면석에 새겨지게 된다. 또 옥개석이나 옥신석도 여러 매의 석재로 구성하던 것을 각각 한 몸으로 바뀌게 되며, 옥신석의 양 우주 역시 옥신석면에 새겨지고 중급 받침은 약간 얇아진다.

탑신부의 비례도 통일 초기의 경향을 따라서 초층에 비해 2층부터 체감률이 급격히 높아지지만 옥신석은 높이에 비해 폭이 줄어들어 종래의 장중한 외관에서 경쾌한 외관으로 바뀌게 된다. 이후 이러한 석가탑 양식을 따라서 건립된 신라의 수많은 석탑을 흔히 우리는 '일반형 석탑'이라 부른다.

석가탑에서 나온 사리 장엄구

석탑 속에 안치된 사리 장엄은 생생한 불교의 역사이자 그 장엄에 온 정성을 기울였던 장인들의 예술적 솜씨를 유감없이 보여 주는 문화의 결정체이다.

우연한 기회에 세상에 그 모습을 드러낸 석가탑 사리 장엄구는 1966년 9월, 몰지각한 도굴꾼들에 의해 두 차례에 걸친 도굴 시도가 있고 난 뒤 같은 해 10월에 탑 속에 안치되었을 사리 장엄구의 안전 여부를 확인하기 위해 상층부를 해체하였을 때 제2층 몸체부에서 발견되었다.

제2층 몸체부 중앙에 마련한 사방 41센티미터, 깊이 19센티미터의 네모진 사리공 속에 비단을 깔고 그 중앙에 거의 도금이 벗겨진 금동제 사리 외함을 안치하였는데, 이 사리 외함 주위에는 동경과 청동 비천상을 비롯한 각종 진귀한 공양구들이 놓여 있었다.

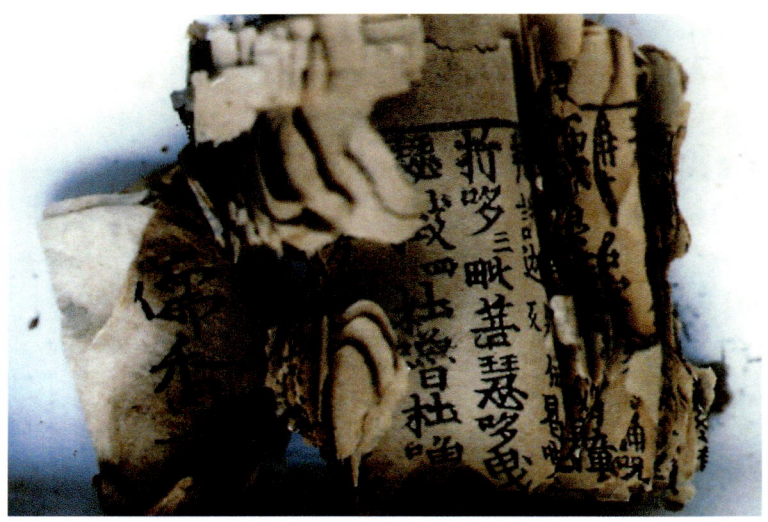

향봉지와 무구정광대다라니경 향봉지는 발견 당시 계란형의 은제 사리합 주위에 놓여 있었는데 고려시대에 후납된 것으로 보인다. 『무구정광대다라니경』은 금동제의 네모난 사리합 위에 비단에 싸인 채 놓여 있었다. 복원 이전의 상태이다. 국립중앙박물관 소장.

이 사리 외함 속에는 중앙에 연꽃 대좌를 마련하고 여기에 은으로 만든 사리 내·외합을 안치하였으며, 그 좌우에도 은으로 된 조그마한 사리호와 금동제의 네모진 사리합이 안치되어 있었다. 이 금동제의 네모진 사리합 위에 그 유명한 『무구정광대다라니경』이 비단에 싸인 채 놓여 있었다.

우리가 흔히 말하는 사리에는 두 종류가 있다. 하나는 열반에 든 석가여래의 유해를 화장(茶毘)한 뒤 남은 유골 그 자체를 말하는 신사리(身舍利)이고, 다른 하나는 석가여래가 설법한 불법(法身)을 가리키는 법사리(法舍利)이다. 앞의 것이 우리가 일반적으로 말하는 사리이고 뒤의 것은 불법을 문자로 기록해 놓은 불경이 된다.

우리나라의 석탑에는 삼국시대부터 이 신사리와 법사리가 함께 봉안되는 경우가 가끔 있지만 대체로 신사리만을 모시는 경우가 일반적이라

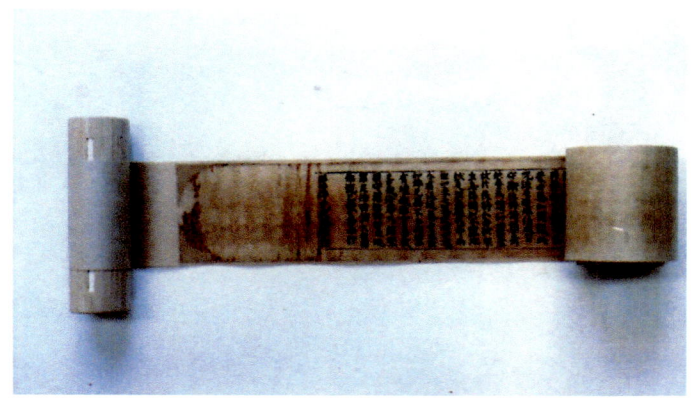

무구정광대다라니경 발견 당시 전체 길이 약 6.2미터, 폭 6.7센티미터로서 앞부분의 본문 98자 14행이 떨어져 나간 것으로 알려졌으나 최근의 과학적인 복원 수리를 통해 앞부분 3행만을 남기고는 원상을 대부분 회복하여 전체 길이 6.45미터로 복원되었다. 국립중앙박물관 소장.

할 수 있다. 신사리와 법사리가 함께 봉안되는 경우에도 각각 한 종류만 봉안되는 것이 원칙이다. 그러나 석가탑에는 법사리로서 『무구정광대다라니경』과 신사리를 담은 사리 용기가 3세트나 봉안된 점이 특징이다. 신사리를 봉안한 사리기로는 46알의 사리를 담은 녹유리 사리병·계란형의 은제 무개합(無蓋盒)·은제 유개합(有蓋盒)·금동 외합으로 이루어진 주된 사리기 세트가 있고, 여기에 다시 사리 1알을 담은 향목 사리병·금동 장방형 합의 1세트 그리고 은제 소합·은제 소호로 구성된 또 다른 1세트 등 2세트가 주사리기의 금동 외함과 함께 안치되어 있었다. 현재 이들 사리기는 대부분 국립경주박물관에 보관되어 있지만 은제 사리소호와 향목 사리병은 다시 탑 속에 봉납되었다.

　뒤에서 다시 언급하겠지만, 주사리기와 함께 봉안된 이들 두 종류의 사리기 세트는 그 제작 기법으로 보아 석가탑 건립 당시의 것이라기보다는 후대에 석가탑을 중수하면서 납입되었을 가능성도 없지 않다. 현재 석가탑이 창건된 이후 중수되었다는 기록이나 흔적은 남아 있지 않다. 그러나 대부분 탑이 오랜 세월 동안 중수되지 않고 견디어 온 경우는 극히 드물며, 『무구정광대다라니경』에도 언급하였듯이 오래된 탑을 수리하는 그 자체도 조탑 공덕의 하나이므로 탑을 수리하면서 다른 사리기나 공양품을 덧붙이는 경우가 많았을 것이다.

석탑 속에 사리를 모시는 사리 장엄은 일반적으로 신사리 용기·법사리·소탑 등을 가리키는 주체부와 칠보류 등의 각종 공양구 그리고 지진구(地鎭具)와 같은 의식 용구의 세 종류로 나뉘는데, 여기서는 주체부와 공양구는 안치되었지만 지진구가 보이지 않는 점도 한 가지 특징이다. 그러나 사리 장엄구가 안치된 위차가 탑신부인 점(여기서는 2층 탑신부), 사리 용기를 중첩하는 순서가 바깥에서부터 석함·동·은·금·유리로 된 점 등은 당시의 일반적인 경향을 따르고 있음을 알 수 있다. 참고로 우리나라의 사리 장엄구는 목탑에서는 심초(心礎)에, 석탑에서는 탑신 어느 곳에나 안치되며 심지어는 옥개석에도 안치되는 경우도 있다. 그러나 신라 하대부터는 주로 초층 탑신에 안치되는 경향을 보인다.

금동 외함(높이 18.5센티미터, 사방 17.1센티미터)

금동 외함은 기단 위에 네모진 함이 놓이고 그 위에 지붕 모양의 뚜껑을 덮어 기본적으로는 송림사 전탑(松林寺博塔) 사리함으로 대표되는 보전형(寶殿形) 사리기와 감은사 사리 외함으로 대표되는 보함(寶函) 형식이 절충 내지는 간략화된 형태라 할 수 있다.

이 사리함은 지금까지 전각형으로 분류하였으나 기단 위에 보함이 놓이되 보전에서 네 모서리에 기둥이 세워져 내부가 개방적이었던 공간이 폐쇄적인 형태로 변하고, 단지 여기에 지붕 모양의 뚜껑을 얹고 몸체에 꽃무늬를 뚫어 네 벽이 막히는 것을 피했지만 전체적으로는 감은사

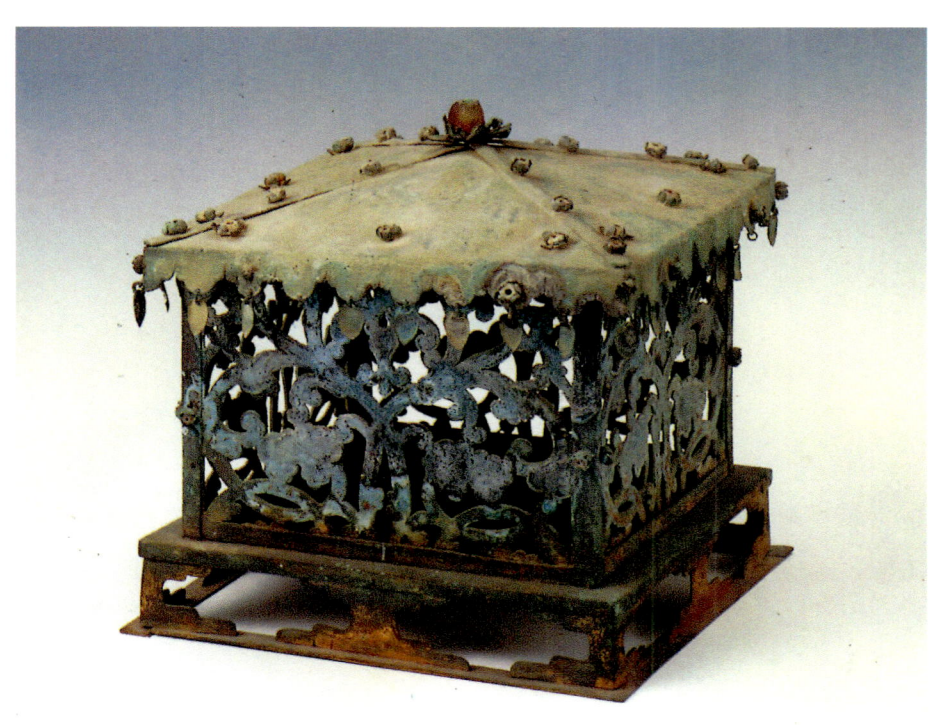

금동 외함 　기단 위에 네모진 함이 놓이고 그 위에 ㅈ 봉 모양의 뚜껑을 덮어 기본적으로는 보전형 사리기와 보함 형식이 절충 내지는 간략화된 형태이다. 국립경주박물관 소장.

지 석탑에서 나온 사리함처럼 개방적인 모습이 아니다.

　한 면에 2개씩의 단정한 안상이 뚫린 별도의 받침 위에 놓인 네모진 몸체는 굵은 당초무늬를 대칭되게 뚫어 절에 있는 불당의 어간문(御間門) 같은 꾸밈새를 하고 이 당초무늬의 가장자리 윤곽과 꽃잎 내부는 가늘게 음각하였다. 몸체는 한 면씩 따로 만들어 사개물림식으로 연결한 뒤 내부에서 못을 박아 고정시켰는데, 이러한 결구 방식은 지붕의 내림마루에도 이용되었다.

이 위에 얹힌 지붕 모양의 뚜껑은 사모형으로, 처마 밑은 막새기와가 내리덮이듯 물결치게 꾸며 놓고 그 끝에 모두 하트 모양의 짧은 영락을 달았다. 추녀와 처마의 위 아랫면, 내림마루 위 그리고 몸체의 네 귀에 붉은 마노와 녹색 구슬을 연꽃송이 속에 번갈아 박았으며, 지붕 끝에도 대추꼴의 커다란 붉은색 마노 하나를 박아서 보전을 꾸미고 있다. 이러한 구슬 장식은 중국 당대의 사리기에도 자주 등장하는 의장의 하나로서 함의 내부 중앙에 얇은 동판을 오려서 마련한 연화좌의 꽃술과 여기에 안치되었던 은제 사리합에서도 동일하게 나타난다.

불국사 사리기의 형식은 고려 초기의 광주 서5층석탑 출토 사리 용기에서 잠시 되살아나기도 하지만 결국에는 작은 방형의 투조 상자처럼 변해 버리며, 대신에 통일신라 후기부터는 활석제 사리호나 팔각원당형의 사리 용기 또는 스투파형의 사리 용기가 주류를 이루게 된다. 이처럼 사리를 궁전이나 누각에 모시는 것은 사리에 대한 최고의 예우이며 이를 사리 용기로 번안한 것은 중국이나 일본에서도 그 예를 찾을 수 없는 신라인의 창작이라 할 수 있다.

은제 사리 내·외합(외합 : 높이 10.8, 몸지름 7.5센티미터, 내합 : 높이 6.0, 몸지름 6.4, 입지름 5.8센티미터)

앞의 금동 사리함의 내부 중앙에 얇은 금동판을 오려 붙인 연화좌 위에 두 겹으로 놓여 있었다.

이 은제 사리 내·외합은 계란형으로, 내합은 뚜껑이 없지만 외합은 보주형의 꼭지가 달린 뚜껑이 덮여 있고 몸체 네 곳에 수정이 박혀 있

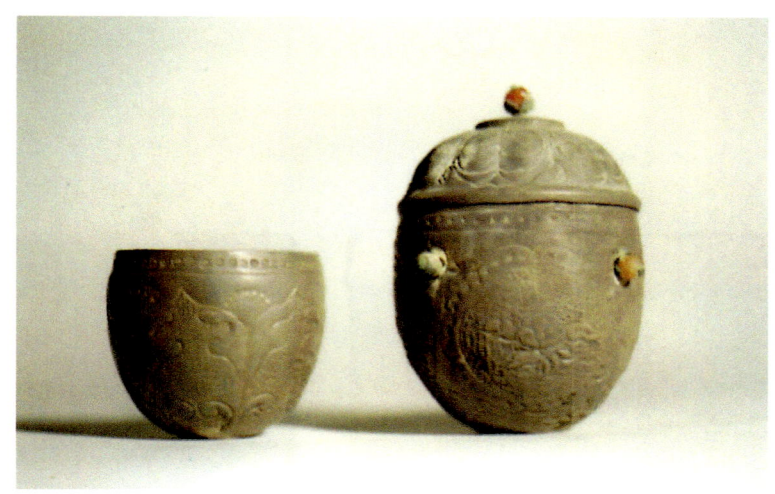

은제 사리 내·외합　국립경주박물관 소장.

다. 몸체에는 팔화형의 꽃잎이 둘러진 둥근 무늬 속에 꽃무늬를 새기고 그 공간은 방울무늬(魚子文)로 메웠다.

　내합은 뚜껑은 없지만 몸체에 당초무늬를 새기고 그 여백을 외합과 같은 방울무늬로 메우고, 입 가장자리 부분에도 방울무늬를 이중의 동심원처럼 둘렀지만 정연함이 결여되어 있다. 이러한 이중 방울무늬는 신라 토기에도 자주 보이는 형식이어서 주목된다.

　내합과 외합의 공간은 가늘게 깎은 향목으로 메워 내합을 고정시켰으며, 내합 속에도 이러한 향목 타래를 채워서 유리 사리병을 고정시켰다. 사리병(높이 6.5센티미터)은 짙은 녹색의 유리제로서 짧은 목에 몸체가 둥글게 부풀어 올랐으며, 이 속에 사리 46알이 들어 있었다. 우리나라에서는 병과 사리가 일체가 되어 사리가 든 사리병 그 자체가 그대로 예배의 대상이 되기도 하였는데, 처음에는 분황사나 송림사의 사리병처럼 목이 길고 날씬한 형태를 띠다가 통일신라 후반기부터는 이 불국사

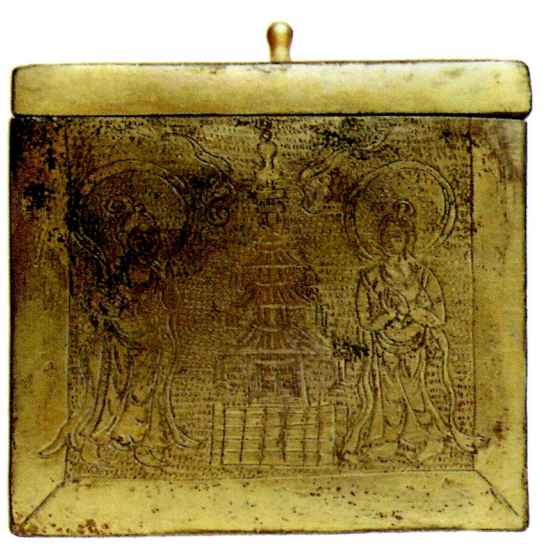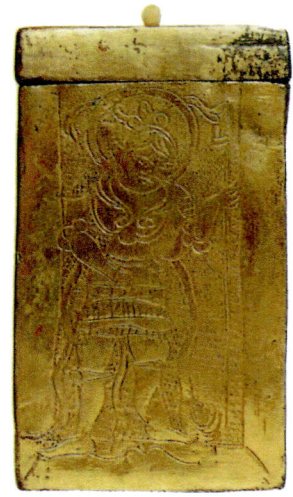

금동 방형 사리합　보주형 꼭지가 달린 뚜껑이 덮인 사리합은 주물한 뒤 표면에 장식
무늬를 새겨 넣고 금도금한 금동제로서 몸체 넓은 면에는 3층탑을 가운데 두고 연꽃
봉오리를 쥐거나 합장한 채 서로 마주 보는 두 보살을, 좁은 면에는 창과 검을 쥐고 있
는 두 천왕상을 각각 선각하였다. 이들 보살상과 천왕상 바탕에는 옆으로는 조밀하지
만 위아래로는 듬성듬성 찍혀 간격이 떠보이는 방울무늬로 메워져 있다. 국립경주박
물관 소장.

사리병보다 목이 더 짧아지고 몸통이 큰 항아리 모양의 사리병이 나타
나기도 한다.

금동 방형 사리합(높이 7.0센티미터)

이 사리합의 표면은 금도금되었지만 뚜껑과 몸체 내부는 붉게 칠해
져 있다(朱漆). 이러한 주칠은 벽사의 의미를 띤 것으로, 백제 무녕왕릉
목관이나 전라남도 남원 출토로 알려져 있는 금동 사리기와 같이 고대
인의 죽음과 부장에 관련된 유물에서 흔히 나타난다.

사리합 안에는 향나무를 물레로 깎아 만든 사리병이 안치되어 있었
고 그 속에 사리 1알이 들어 있었다. 이 향목 사리병의 형태는 목은 길지
만 몸체는 약간 밑으로 처진 듯하여 앞의 녹유리 사리병과는 다른 형태
를 띠고 있다. 내부에는 밑이 넓고 위가 좁은 긴 구멍을 위아래로 뚫어
밑은 향목 마개로 막고 위는 순금제의 마개로 막도록 되어 있으며, 표면
에는 붉은 칠을 하였다. 이 사리병의 왼쪽에는 둥근 비취옥이, 그 오른
쪽에는 수정이 각각 하나씩 놓여 있었다.

보주형 꼭지가 달린 뚜껑이 덮인 사리합은 주물한 뒤 표면에 장식무
늬를 새겨 넣고 금도금한 금동제로서 몸체 넓은 면에는 3층탑을 가운데
두고 연꽃 봉오리를 쥐거나 합장한 채 서로 마주보는 두 보살을, 좁은
면에는 창과 검을 쥐고 있는 두 천왕상을 각각 선각하였다. 이들 보살상
과 천왕상의 바탕에는 옆으로는 조밀하지만 위아래로는 듬성듬성 찍혀
간격이 떠보이는 방울무늬로 메워져 있다.

여기서 말하는 방울무늬, 곧 '어자문'이란 금속 표면에 강철제의 어자
문용 끌(누깔정)을 이용하여 위에서 아래로 두드려 누르면 작은 원문이
촘촘히 찍히는데, 이런 무늬를 여기서처럼 주문양의 여백 등에 촘촘히
나타내면 마치 물고기알처럼 보인다고 해서 붙여진 이름이다. 이 방울

무늬는 이미 삼국시대의 금동불 등에 사용되고 있지만 본격적으로 금속기에 이용되는 것은 통일신라시대부터이다. 그러나 우리나라의 방울무늬는 정연성이 돋보이는 중국과는 달리 이 불국사 사리기처럼 방울무늬하나하나가 완전한 동그라미가 아니라 한쪽이 흐리게 나타난 부분도 있어 전체적으로 빈구석이 드러나는 점이 특징이다. 그러나 통일신라 초기의 방울무늬는 듬성듬성 찍히는 반면 후기로 가면서 조밀해지는 경향을 띠는데, 이 장방형 합에 찍힌 방울무늬를 위의 은제 계란형 합의 그것과 비교해 보면 훨씬 조밀한 점에서 서로 성격이 다름을 알 수 있다. 이러한 시문 기법상의 차이도 이 장방형 합이 은제 합보다 뒤에 납입된 것으로 보는 근거가 된다.

무구정광대다라니경

『무구정광대다라니경』이란 서역의 스님 미타산(彌陀山)이 704년 무렵에 중국에 와서 한자로 번역한 불경의 하나로서 탑 건립에 따른 공덕을 강조한 경전이다. 이 경전에 의하면 99개 또는 77개의 작은 탑을 만들어 그 하나하나에 다시 다라니를 넣어 탑에 봉안하는 행위는 곧 99억의 탑을 만드는 것과 같은 상징적인 행위가 된다고 한다. 이러한 탑을 '무구정탑(無垢淨塔)'이라고 한다. 그런데 당시 중국이나 일본에서는 이『무구정광대다라니경』이 법사리(法舍利)의 하나로서 탑 속에 봉납된 예는 극히 드물고 오직 통일신라시대를 통해서만 탑 건립 때의 소의 경전(所依經典)으로 널리 봉안되었다. 우리나라에서는 이 경전이 한역된 지 불과 2년 뒤인 706년에 경주의 황복사(皇福寺) 3층석탑에 봉납하고 다시 99소탑을 봉납한 이래로 8세기부터 10세기까지 크게 유행하였다. 이『다라니경』두루마리는 발견 당시 지름 2.8밀리미터 크기의 가는 나무 축에 말린 상태로 비단(羅) 보자기에 싸여 있었는데, 나무 축의 끝은 붉게 일본의 백만탑다라니경 일본 법륭사의 『백만탑다라-니경』(770년경)은 『무구정광대다라니경』이 발견되기 전까지 세계 최고의 인쇄본으로 알려졌다. 국립중앙박물관 소장.

칠해져 있었다. 보자기는 부식이 심하여 원형이 확실하지 않았고, 『다라니경』도 심하게 부식되고 벌레가 먹어 앞부분 2.5미터 정도는 33편으로 조각난 상태였으나 속으로 들어가면서 약간씩 좋아져 끝부분은 거의 원형을 유지하고 있다. 두루마리 전체는 폭 54센티미터 크기의 닥종이 12장을 풀로 잇대어 붙였다.

『다라니경』은 발견 당시 전체 길이 약 6.2미터, 폭 6.7센티미터로서 앞부분의 본문 98자 14행이 떨어져 나간 것으로 알려졌으나 최근의 과학적인 복원 수리를 통해 앞부분 3행만을 남기고는 원상을 대부분 회복하여 전체 길이 6.45미터로 복원되었다. 이 경의 판식(版式)은 위아래로 길이 5.5센티미터 크기의 광곽(匡郭) 속에 세로 구획선 없이 0.7센티미터 크기로 한 행에 일곱 내지 아홉 자가 불규칙하게 배치되었다. 글자체는 중국의 안진경체(顏眞卿體)를 닮은 것으로 보기도 하지만 기본적으로는 당시 한·중·일 삼국에 공통적이었던 사경서체(寫經書體)를 따르고 있다.

현재 『다라니경』은 불국사 창건 이전에 간행된 것으로 보는 설이 일반적이다. 그 근거의 하나로는 중국 당나라의 측천무후(則天武后) 당시인 690년부터 705년 사이에 새롭게 만들어 공문서에 사용했던 무주제자(武周制子)가 이 경전에도 보인다는 점이다. 여기에는 무주제자 가운데 蠶(證)·稑(授)·坔(地)·亖(初)의 네 글자가 십여 회 정도 등장하는데, 이 무주제자는 측천무후가 죽은 뒤에도 일정 기간 사용되었기 때문에 이 『다라니경』이 석가탑이 건립되기 이전에 이미 간행된 것으로 보는 근거가 된다.

『무구정광대다라니경』은 지금까지 세계 최고의 인쇄본으로 알려졌던 일본 법륭사의 『백만탑다라니경』(770년경)보다 시대가 앞설 뿐 아니라 글씨체가 빼어나고 균형이 잡혀 있으며 종이 질도 비할 데 없이 훌륭하여 세계 최고의 목판 인쇄본으로서 손색이 없다. 일본의 『백만탑다라니경』은 일본 인쇄학계의 과학적인 실험 결과 본격적인 인쇄물이라기보다는 금속판을 도장처럼 눌러 찍어 낸 것으로 밝혀졌으며, 더욱이『무구정광경』가운데 나오는 네 종류의 다라니 주문만을 여러 조각 나누어 찍어 내어 도서의 형식을 갖추지 못하고 있다.

한편 법사리인『무구정광대다라니경』과 함께 발견된 12개의 목제 소탑은 몇 가지 문제점을 안고 있다. 이 목제 스탑은 소탑 공양의 가장 이른 예이자 목제로서는 대구 동화사 비로암 3층석탑에서 나온 것과 함께 통일신라시대에는 거의 유일한 예에 속한다. 통일신라시대의 소탑 공양은 대부분 납석이나 토제로 이루어지며 그 수도『무구정광대다라니경』에 언급한 77, 99개의 소탑 봉납과 일치된다.

실제로 소탑 공양의 가장 이른 예인 황복사의 경우에도 소탑을 사리 외함의 표면에 압출하였기 때문에 통일신라 후기의 일반적인 소탑 봉안과는 그 개념상 차이가 있다. 또 통일신라 후기에서도 시대가 올라가는 것은 소탑 바닥에 다라니를 넣는 구멍이 마련되지만 시기가 내려올수록 형식적인 구멍으로 변한다. 이러한 점에서도 이 목제 소탑의 존재는 이례에 속하며, 따라서 다른 2세트의 사리 용기와 함께 후대에 추가되었을 가능성을 짙게 해준다.

각종 공양품

석가탑 사리 장치에는 앞에서 살펴본 사리기를 포함한 주체부말고도 봉안 당시 여러 스님네들이 함께 넣은 공양품이 있다. 사리 외함의 안팎에 놓여 있었던 이들 공양품은 관옥(管玉), 청동 비천상, 곡옥, 동경, 향목편, 먹, 동제 고리, 수정, 각종 옥, 금박편, 나무 열매, 향봉지(儒香) 등 당시에 귀중하게 여겨졌던 것으로, 이 가운데 특히 주목되는 것은 향봉지와 거울이다.

향봉지는 발견 당시 계란형의 은제 사리합 주위에 놓여 있었는데, 겉

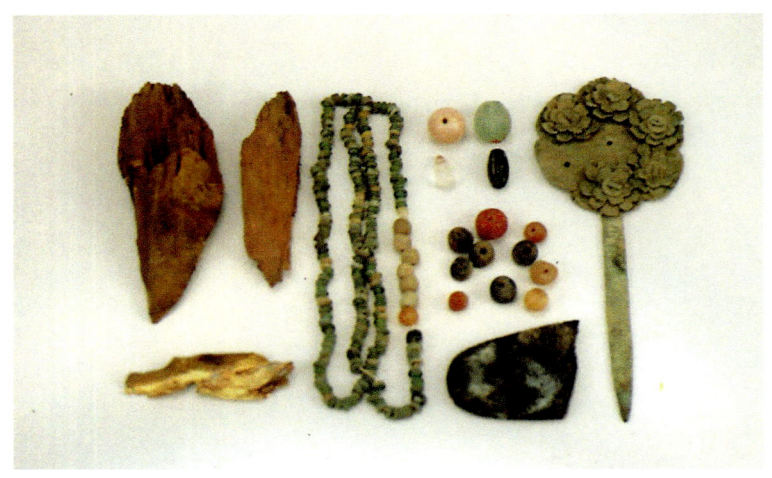

여러 가지 공양품 사리 외함의 안팎에 놓여 있던 공양품으로 관옥, 곡옥, 동경, 향목편, 동제 고리, 수정, 각종 옥, 금박편 등 당시에 귀중하게 여겼던 것들이다. 국립중앙박물관 소장.

에는 "영한화상(英漢和尙)", "지영중대사(智英重大師)", "원한대덕(元漢大德)"과 같은 스님들의 이름이 묵서되어 있다. 이 가운데 '대덕'과 '중대사(重大師)'는 고려시대에 확립된 승려에게 주어진 승계(僧階)의 하나라는 점에서 이들 향봉지가 다른 2세트의 사리 용기와 함께 후납된 것으로 보는 근거가 되기도 한다.

동경은 모두 2매가 납입되었는데 그 가운데 하나는 완형이지만 다른 하나는 4분의 1만 남은 파편이다. 아무 무늬가 없는 소문경(素文境)으로, 꼭지가 편평해지고 연부는 평연계이며 거울면의 내만도 심하지 않다. 불법을 상징하는 동경은 황룡사에서부터 고려·조선시대에 이르기까지 꾸준히 계속되는 공양품의 하나지만 왜 이러한 깨어진 동경을 완형과 함께 넣었는지는 의문이다. 한편 공양품으로서 곡옥 납입도 삼국시대부터 이어져 온 전통이지만 송림사 전탑과 석가탑 이후로는 납입된 예가 없다.

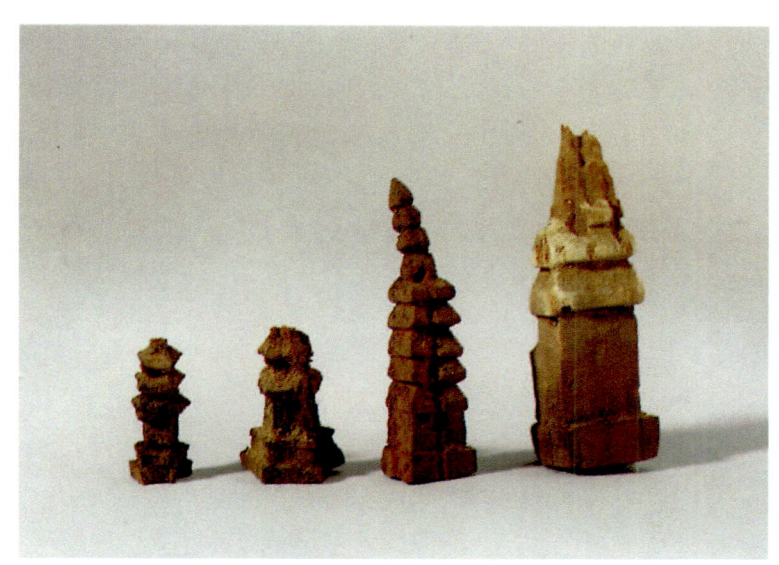

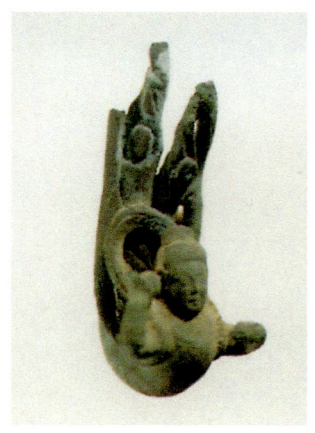

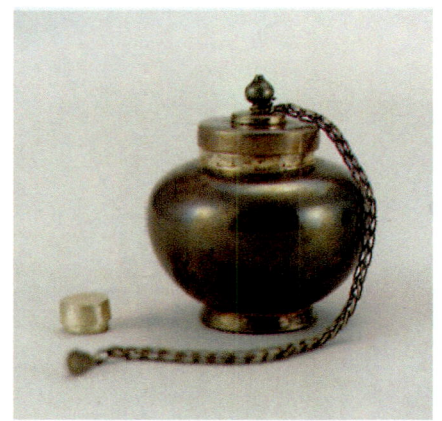

목제 공양탑　국립중앙박물관 소장 (맨 위)

청동 비천상　국립중앙박물관 소장 (위 왼쪽)

은제 사리 소호　국립중앙박물관 소장 (위 오른쪽)

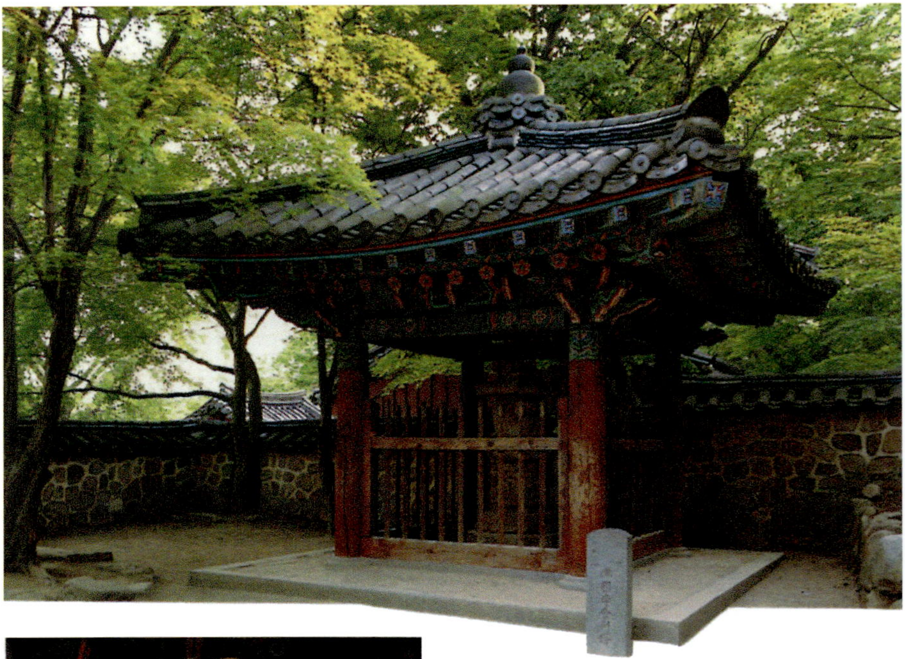

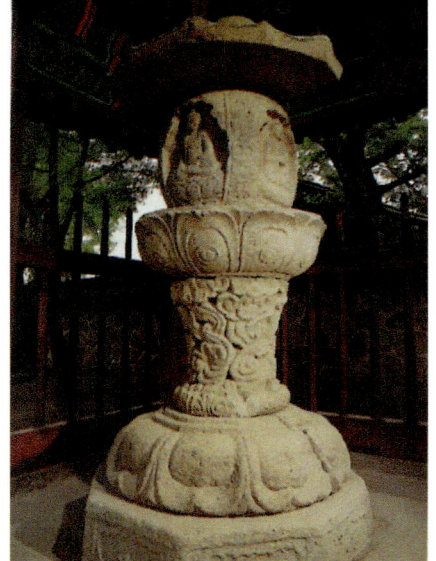

불국사 사리탑 이 사리탑은 감실 불상의 양식이나 중대석의 구름무늬 그리고 탑신부에 보이는 기둥 모양의 윤곽선 표현 등에 비추어 통일신라 후반기 양식을 계승한 고려 초기의 작품으로 추정된다. (위, 왼쪽:『국보(석조)』)

불국사 사리탑(보물 61호, 높이 2.06미터)

이 사리탑은 현재 불국사 강당 뒤쪽의 보호각 속에 보존되어 있는데, 전체적으로 표면 장식이 화려하고 조각 솜씨가 세련되어 1905년 일본인에 의해 동경의 우에노(上野) 공원으로 불법 반출되었다가 1933년에 반환되었다. 석질이 연하여 옥개석의 일부가 떨어져 나갔고 곳곳에 마멸된 부분이 있지만 전체적으로 보존 상태는 양호한 편이다. 『불국사고금역대기』에서 말하는 '광학부도(光學浮屠)'가 곧 이 사리탑을 가리킨다는 견해도 있지만 현재로서는 여래의 사리탑인지 승려의 사리탑인지는 분명하지 않다.

사리탑의 구조는 기단·하대·중대·탑신·옥개가 각각 별도의 돌로 구성되었는데, 옥개석 낙수 면의 경사가 완만하고 몸체도 간주(竿柱)·상대석(上臺石)·화사석(火舍石)으로 이루어지는 석등의 구조와 비슷하여 외형상 표면 장식이 화려한 석등 같은 느낌을 준다. 네모진 지대석 위에 안상(眼象)이 얕게 부조된 팔각형의 기대석(基臺石)을 놓았으며, 그 위에 놓인 하대석에는 폭이 넓고 볼륨이 두드러진 8잎의 연꽃을 둘렀고, 윗면에는 2단의 중대석 받침이 새겨져 있다. 이 위에 놓인 중대석은 석등의 간석이라고 불러도 좋을 정도로 배가 가늘어진 북 모양을 하고 있는데, 표면에 역동적으로 조각된 구름무늬는 홍법사(興法寺) 진공대사탑(眞空大師塔, 940년)의 운룡문을 연상케 한다. 상대석은 하대석과는 달리 잎 중앙에 꽃 모양의 원무늬가 하나씩 배치된 9잎 앙련(仰蓮)으로 구성되었으며 윗면 탑신 주위로 연씨가 음각되었다.

탑신부는 배가 부른 북 모양의 특이한 형태로서 위아래에 연꽃과 보상화문이 표현된 기둥을 새겨서 표면을 네 부분으로 나누어 각각 감실(龕室)을 열어 놓았다. 감실 속에 도드라지게 조각된 여래좌상과 보살입상은 고려 초기의 불상 양식을 반영하고 있으며, 감실 윗면에는 물결형의 장막이 드리워져 있다. 따라서 이 탑신부의 형태는 외형상 석등의 화사석을 연상케 한다. 흔히 '고복형(鼓腹形)'이라고 부르는 이러한 형태는 통일신라 후기부터 고려시대에 이르기까지 주로 석등의 간주석이나 부도의 중대석에서만 보이므로 이처럼 탑신부에 이용되는 것은 이례에 속한다고 하겠다.

옥개석 윗면 낙수 면의 경사는 매우 완만하며, 추녀 끝에서는 12각을 이루지만 위로 가면서 6개의 능선이 없어지면서 정상에서는 육각을 이룬다. 옥개석 정상에는 낮은 육각형의 노반(露盤)이 놓이고 그 위에 가로띠와 꽃무늬가 조각된 편구형의 복발(覆鉢)이 얹혀 있다. 이 사리탑의 탑신 윗면 중앙에는 찰주공(擦柱孔)으로 생각되는 작은 구멍이 옥개석과 관통되게 뚫려 있으며, 상대석의 윗면 중앙에도 사리공으로 보이는 홈이 패어 있다.

이 사리탑은 감실 불상의 양식이나 중대석의 구름무늬 그리고 탑신부에 보이는 기둥 모양의 윤곽선 표현 등에 비추어 통일신라 후반기 양식을 계승한 고려 초기의 작품으로 추정된다.

석조물

당간 지주(幢竿支柱)

'당간 지주'란 절의 입구에 당간을 세우는 기둥을 말하는데, 당간이란 '당(幢)'이라는 깃발을 달아 두는 장대라는 뜻으로, 때로는 불교 종파를 나타내는 기치(旗幟)로서 절의 문전에 세워진다. 그러나 현재 남아 있는 당은 없고 드물게 당간이 남아 있는 경우가 있지만 대부분은 이 불국사의 당간 지주처럼 당간을 받치는 돌로 만든 지주만이 남아 있을 뿐이다.

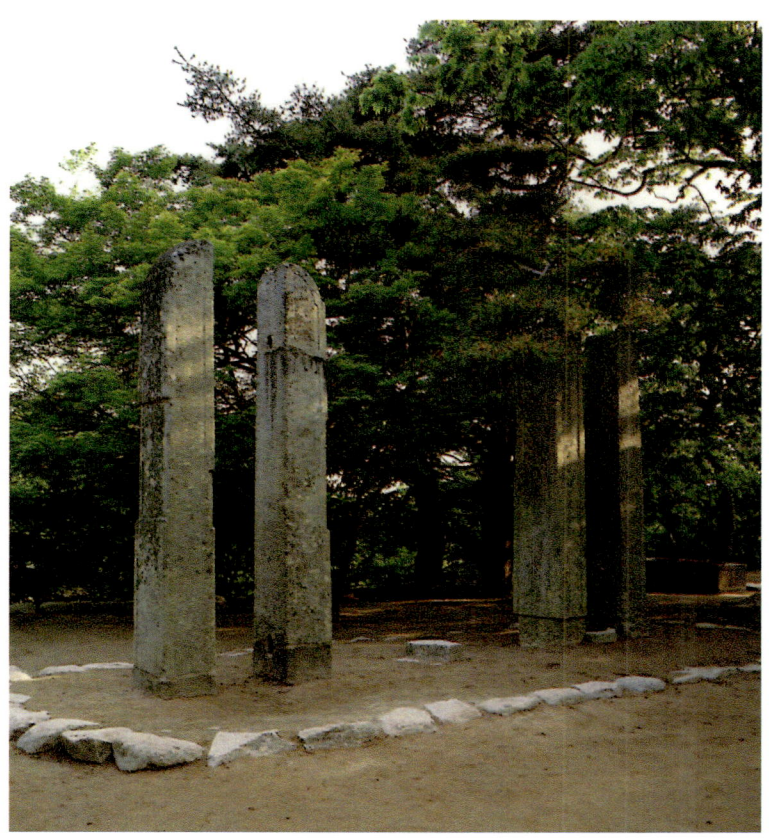

당간 지주　당간 지주의 양식 변화는 시대의 흐름에 따라 그렇게 뚜렷하지는 않지만 지주의 바깥면에 새겨진 종선의 문양대와 받침과 기단의 형식으로 보아 이 당간 지주는 통일신라시대의 것으로 추정된다.

　불국사에는 연화·칠보교의 앞뜰에 당간 지주 2기가 나란히 세워져 있는데 지금의 위치가 원래의 위치는 아니다. 연화·칠보교의 왼쪽에 있는 것은 기둥머리가 안쪽을 향해 반원을 그리고 앞뒷면의 가장자리를 따라서 약간 턱진 테두리가 둘러져 있으며, 중앙에는 도드라진 종선(縱

線)이 있다. 안쪽 옆면의 아래쪽에는 당간을 고정시켰던 네모진 구멍이 마주 보게 뚫려 있고 원기둥 윗부분에도 또 하나의 구멍이 있다.

오른쪽의 당간 지주에서 오른 기둥은 원래의 것이지만 왼기둥은 후보된 것이다. 위의 당간 지주와 거의 같은 형식이나 반원형의 기둥머리가 시작되는 부분에 1단의 굴곡이 있는 점이 다르다. 당간 지주의 양식 변화는 시대 흐름에 따라 그렇게 뚜렷하지는 않지만 지주의 바깥면에 새겨진 종선의 문양대와 받침과 기단의 형식으로 보아 이 당간 지주는 통일신라시대의 것으로 추정된다.

석등과 봉로대(峯爐臺)

석등은 대웅전과 극락전 앞 두 곳에 있다.

대웅전의 석등은 하대석, 간주석, 상대석, 화사석, 옥개석이 모두 팔각으로 이루어진 신라 전형 양식의 석등으로 각 부위는 각각 한 몸으로 조각되었다. 네모진 지대석과 한 몸으로 조각된 하대석은 8잎의 복판 앙련이 둘러 있고 뒷면에 각진 괴임을 만들어 팔각의 간주를 받는다. 팔각의 화사석에는 사방에 네모진 화창(火窓)이 뚫려 있는데, 이 화창의 가장자리를 따라 둥근 못 구멍이 뚫려 있어 원래는 별도의 문비(門扉) 장식을 달았던 것으로 보인다. 위에 놓인 옥개석 내부는 화사석 내부 공간과 연결되게 둥글게 패어 있다. 옥개석 정상에도 연꽃을 양각하여 상륜을 받게 하였는데, 현재 상륜은 모두 없어지고 후대에 만든 보주가 얹혀 있다.

극락전의 석등 역시 대웅전의 것과 동일한 형식이지만 하대석의 복련이 단판이고 경사가 심하며 화사석의 화창 가장자리에 못 구멍이 없는 등 전체 조각 수법은 약간 떨어진다. 앙련석은 아래의 복련석을 모방하여 복원한 것이며 상륜 역시 후대에 만들어진 것이다. 이러한 세부 형식의 차이로 보아 대웅전의 석등보다는 늦은 것으로 추정된다.

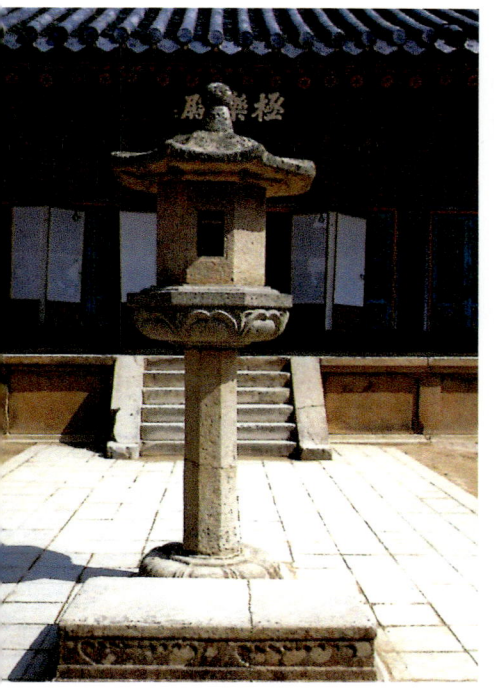
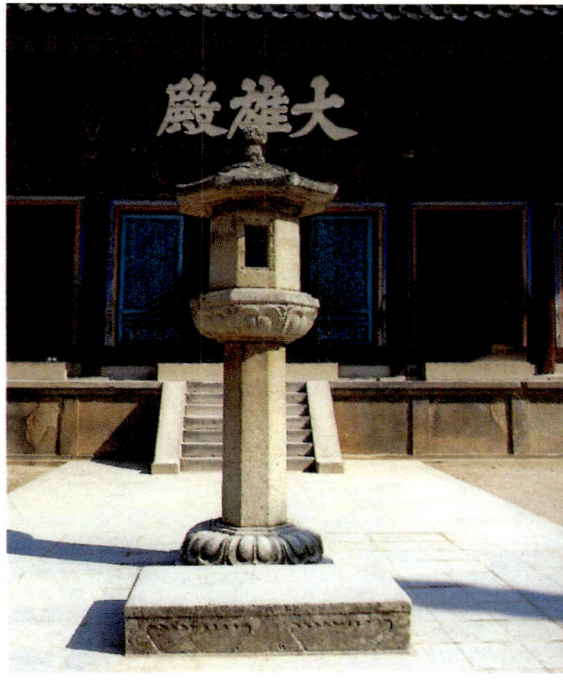

석등 왼쪽은 극락전 앞의 것이고, 오른쪽은 대웅전 안에 있는 것이다. 흔히 석등 앞에 놓이는 네모진 대석을 '배례석'이라 부르지만 『불국사고금역대기』에서는 이를 '봉로대'라 하였다. 대웅전과 극락전의 석등은 동일한 형식이지만 극락전의 석등이 전체 조각 수법이 약간 떨어지는 것으로 보아 대웅전의 석등보다 시대적으로 늦은 것으로 추정된다. 봉로대는 대웅전과 극락전의 것 모두 같은 형식이지만 극락전의 것이 하단에 3단의 각진 괴임이 둘러 있다.

흔히 석등 앞에 놓이는 네모진 대석을 '배례석(拜禮石)'이라 부르지만 『불국사고금역대기』에서는 이를 '봉로대'라 하였다. 향 공양을 위한 향로를 안치하는 대석이라는 뜻일 것이다. 대웅전과 극락전의 석등 앞에 놓인 배례석은 모두 같은 형식이지만 극락전의 것은 두 조각으로 절단되어 있고 하단에 3단의 각진 괴임이 둘러 있다. 흔히 배례석의 윗면 중앙에는 둥근 연꽃이 새겨지지만 여기서는 아무런 장식이 없으며 단지 옆면 긴 쪽에 2구씩, 짧은 쪽에 1구씩 이빨 모양의 돌기가 난 안상이 새겨져 있을 뿐이다.

석조(石曹)

불국사에는 청운·백운교 앞 동쪽과 당간 지주 옆 그리고 향로전터 뒤쪽에 모두 3기의 석조가 있다. 이 가운데 석축 동쪽의 것은 신라의 석조 가운데에서도 걸작에 속한다.

신라의 석조는 대체로 장방형을 기본형으로 하면서 바깥면에 커다란 안상을 새기거나 아니면 석탑의 우주와 탱주 같은 세로 구획선을 새긴 형식이 일반적이지만, 이 석조는 네 귀를 모두 굴곡시켜 꽃 모양으로 만들고 몸체의 바깥면에는 옆으로 띠를 둘러 구획을 지은 뒤 아래 띠 속에 각각 6개와 3개씩의 안상을 새겨 놓았다. 안쪽의 옆면에는 연꽃을 음각하고 바닥에도 커다란 연꽃을 가득히 음각하여 물이 찼을 때 마치 연꽃이 떠 있는 듯한 효과를 냈다.

석조 비로자나 삼존불 대좌

현재 종각 뒤의 정원에는 불국사 복원 공사에 앞서서 1969년에 행해진 발굴 조사 때 출토된 석조물들이 널려 있는데 이 가운데 특히 주목되는 것이 비로자나 삼존불의 대좌이다. 이들 대좌는 원래 삼존불의 대좌였겠지만 본존이나 협시보살상은 남아 있지 않고 대좌 자체도 깨어진 채 출토되었다. 그러나 네모진 받침 위에 무릎 꿇고 앉아 있는 사자와 코끼리 대좌인 점에서 중요한 가치를 지닌다. 사자좌와 코끼리 대좌는 문수와 보현보살이 타는 대좌로서 흔히 비로자나불과 함께 배치되어 삼존불을 이룬다. 이처럼 사자좌와 코끼리좌를 탄 문수·보현보살이 협시하는 비로자나 삼존불로서 통일신라시대의 것으로는 현재 성주 법수사

(法水寺)와 이 불국사의 것이 유일한 예에 속한다.

　본존의 대좌는 9세기 중엽경에 유행하였던 팔각 대좌 형식을 그대로 답습하였는데 그 구조나 3단으로 각진 괴임의 형식 그리고 연꽃잎 속에 다시 복잡한 꽃무늬를 새긴 연꽃의 조각 솜씨 등은 동화사 비로암 석조 비로자나불과 법수사 삼존불 대좌의 그것과 흡사하다. 사자좌와 코끼리좌는 머리가 떨어지고 심하게 훼손되었지만 위가 좁은 직사각형의 하대와 그 위에 웅크리고 앉은 사자와 코끼리의 모습 역시 법수사의 그것과 같다. 『불국사고금역대기』에는 751년 중창 당시 문수전에 모신 비로 석상과 좌우의 문수, 보현 좌대가 산불로 소실되었다고 하는데 이들 대좌는 그 양식으로 미루어 불국사가 다시 중창되는 진성여왕 원년(887)에 만들어진 것으로 보인다.

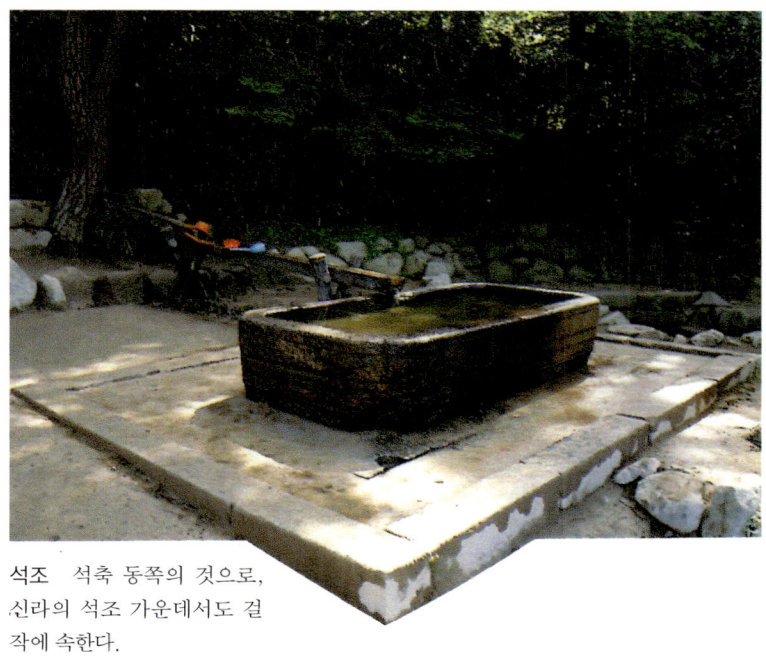

석조 석축 동쪽의 것으로, 신라의 석조 가운데서도 걸작에 속한다.

기록을 통해 본 유물

지금까지 살펴본 유물들말고도『불국사고금역대기』에는 단편적이나마 중요한 사실들이 실려 있다. 이 책은 조선 영조 때의 승려 동은(東隱)이 불국사의 사적을 기록한 것으로 '불국사고금창기(古今創記)'라고도 한다. 1740년에 대암(大庵)의 문인이었던 동은이 지은 것을 그의 제자 만연(萬淵) 등이 다시 교정한 것으로, 사료적인 가치는 약간 떨어지지만 불국사 경내의 가람 구조에 대해서는 상세하게 언급되어 있어 원형을 살리는 데 귀중한 자료가 된다. 원본은 현재

일본의 동경대학 도서관에 보관되어 있고 그 필사본만이 불국사에 보관되어 있다.

『고금역대기』에 따르면 관음전에는 원래 관음보살상이 안치되어 있었지만 임진왜란 때 불타 버렸다고 한다. 이 관음상은 922년에 경명왕비가 낙지공(樂支公)에 명하여 전단향목(栴檀香木)으로 만든 것으로 중생사(衆生寺)의 관음상과 함께 영험이 매우 컸다고 한다. 그 뒤 1694년 중창 때 새롭게 만들어 다시 안치한 것으로 보이는데, 1769년까지 모두 세 차례의 개금 기록이 보이므로 이때까지는 관음상이 틀림없이 남아 있었겠지만 언제 없어졌는지는 분명하지 않다. 현재는 1973년 복원 때 새로 만든 관음 입상이 봉안되어 있다.

한편 대웅전에는 중앙의 수미단 위에 나무로 만든 석가여래삼존불이 안치되어 있고 그 뒤에는 영산회도(靈山會圖)가 걸려 있다.『고금역대기』에 의하면 본존 좌우의 협시보살은 미륵과 갈라(羯羅)보살로, 다시 그 좌우에 있는 흙으로 빚은 협시상은 가섭과 아난의 두 제자로 확인된다. 현존하는 대웅전의 건물이 1765년(영조41)에 중창된 것이므로 이들 불상과 후불탱화 역시 이때 안치된 것으로 보인다.

불국사의 국보 지정 유물 목록

분류	명제	지정 번호
탑	다보탑	국보 20호
	석가탑	국보 21호
건축	연화·칠보교	국보 22호
	청운·백운교	국보 23호
불상	금동 비로자나불 좌상	국보 26호
	금동 아미타불 좌상	국보 27호
석조	사리탑	국보 61호
공예	석가탑 안 발견 유물 − 　금동 방형 사리합 　금동제 사리 외함 　은제 사리 내합과 외합 　동경과 옥류	국보 126호
서예·전적	석가탑 안 발견 유물 − 　무구정광대다라니경	국보 126호

이 밖에도 『고금역대기』에는 886년에 헌강왕의 왕비 김씨가 수를 놓아 만든 석가여래상번(幡)에 대한 최치원의 찬(讚)이 실려 있으며, 또 월청(月淸)이 중수했다는 극락전의 벽화와 양지(良志) 스님이 만들었다는 천불전의 천불과 금강신상(金剛神像) 등 여러 가지 귀중한 유물들이 있었던 것으로 전하지만 아쉽게도 그 모습을 알 길이 없다.

참고 문헌

『불국사고금역대기(佛國寺古今歷代記)』

『삼국유사』

『불국사사적』

『불국사지』, 아세아문화사, 1983.

『경주고적시문록』, 고고미술동인회, 1962.

강우방, 「佛舍利莊嚴論」, 『佛舍利莊嚴』, 국립중앙박물관, 1991.

_____, 「韓國毘盧遮那佛의 成立과 展開」, 『미술자료』44, 1989.

고유섭, 『韓國塔婆의 研究』, 동화출판공사, 1975.

권상노, 『韓國寺刹全書』, 동국대학교출판부, 1979.

김상현, 「석불사 및 불국사의 연구」, 『불교연구』2, 1986.

東伏見邦英, 「佛國寺と石窟庵」, 『寶雲』17, 1936.

문명대, 「法水寺의 摩訶毘盧遮那三尊佛」, 『고문화』5·6, 1969.

_____, 「佛國寺 金銅如來坐像二軀와 그 造像讚의 研究」, 『미술자료』19, 1976.

_____, 「佛國寺 石造三尊像臺座」, 『고고미술』109, 1971.

_____, 「新羅下代 毘盧舍那佛像彫刻의 研究」(1) (2), 『미술자료』21·22, 1977, 1978.

_____, 『韓國彫刻史』, 일지사, 1980.

문화재관리국,『佛國寺 釋迦塔內發見遺物 調査報告書』, 1966.

_____,『佛國寺復元工事報告書』, 광명인쇄공사, 1976.

_____,『불국사와 석굴암』, 한국출판사, 1957.

민영규,「石窟庵 彫像의 敎理背景」,『고고미술』2~8, 1961.

이기영,『宗敎史話』, 한국불교연구원, 1978.

이난영,『한국 고대 금속공예연구』, 단국대학교 대학원, 1991.

이동종,『동도시선』, 근대출판사, 1976.

이홍직,「慶州佛國寺釋迦塔發見의 無垢淨光大陀羅尼經」,『백산학보』4, 1968.

정영호 편『國寶 7』석조, 예경산업사, 1984.

조선총독부 편,「佛國寺と石窟庵」,『조선보물고적도록 1』, 1938.

진홍섭,『韓國美術史資料集成』, 일지사, 1987.

진홍섭 편,『國寶 6』탑파, 예경산업사, 1983.

한국불교연구원,『佛國寺』한국의 사찰 1, 일지사, 1974.

한국정신문화연구원 편,『민족문화대백과사전』

황수영 편,『國寶 2』금동불·마애불, 예경산업사, 1984.

황수영,「韓國塔像의 硏究－半跏思惟菩薩像과 佛國寺 多寶塔」,『고고미술』
       134, 1977.

_____,『佛國寺와 石窟庵』, 교양국사총서, 세종대왕기념사업회, 1979.

Pulguksa

Pulguksa temple nestles on the western slope of Mt. T'ohamsan, one of the three mountains that cradle Kyŏngju which was the capital of the ancient shilla Kingdom. It overlooks Namsan, also known as Mt. Kŭmosan, across a wide expanse of flat land.

According to the *Sajŏk (Chronicles of Pulguksa Temple)* and the *Kogŭm ch'anggi (Records of Pulguksa Past and Present)*, the temple was founded in 528, the 15th year of the reign of King Pŏphŭng (r. 514-540), which was also the year Buddhism was officially recognized in Shilla. It is also recorded in the two texts that it was reconstructed by Kim Tae-sŏng during the reign of King Kyŏngdŏk (r. 742-765). However, the *Samguk yusa(Memorabilia of the Three Kingdoms)*, states that kim Tae-sŏng founded Pulguksa in 751, the 10th year of the reign of Kyŏngdŏk-wang. The *Samguk yusa, which gives sajunggi(Records of Pulguksa)* as its source of information, is believed to be more accurate because the historicity of the *Chronicles* of the Temple and the *Records Past and Present* is questionable.

Halls and facilities were continuously added to the temple but most of them were reduced to ashes in the fifth lunar month of 1593 owing to the Japanese invasions. Of all the facilities, which had a combined floor space of some 2,000 *kan* (a traditional unit of measure referring to the space between two columns), only the Taeungjŏn and Kungnakchŏn Halls and the Chahamun Gate survived the ravages of the war.

Reconstruction of Pulguksa was started by Buddhist Monks in 1604 and many attempts were made to restore and renovate it in the next 150 years but in never regained its former stature. Eventually the temple buildings and grounds were left to deteriorate until recent years when the Ministry of Culture and Information was moved to restore the temple. The present facilities are the result of an extensive excavation and restoration project undertaken from November 1969 to July 1973.

Pulguksa, or the Temple of the buddha Land as the name means, symbolizes three countries of Buddha described in the Lotus, Amitabha and Avatamsaka sutras. The Taeungjŏn Hall represents the secular world of sakyamuni, the Historic Buddha; the Kŭngnakchŏn Hall represents the Pure Land of amitabha Buddha; and the Pirojŏn Hall represents the Lotus Land of the vairocana Buddha. Thus it might be assumed that the temple embodies the apsirations of the people of shilla for an ideal world beyond the here and now.

The temple contains some of the best examples of shilla's cultural relics including Tabot'ap, or the Pagoda of Many Treasures (National Treasure No. 20); Sŏkkat'ap, or the Pagoda of Sakyamuni (National Treasure No. 21); Sarit'ap, or the sarira Stupa (Treasure No. 61); Seated Gilt Bronze Vairocana buddha (National Treasure No. 26); Seated Gilt Bronze Amitabha Buddha (National Treasure No. 27); Yŏnhwagyo and Ch'ilbogyo, or the Lotus and Seven Treasures Bridges (National Treasure No. 22); and Ch'ŏngungyo and Paegungyo, or the Blue Cloud and White Cloud Bridges (National Treasure No. 23).

These are only several of the numerous treasures the temple once had but each one of them epitomizes the artistic creativity of the people of shilla and the uniqueness and the universality of the shilla culture which effloresced in the mid-eighth century.

They are tangible proof of the artistic spirit of shilla.

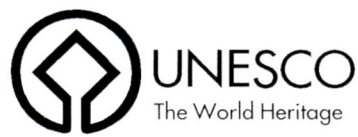

1995년 12월에 유네스코 세계유산위원회(The World Heritage Committee)의 정식 의결을 통해 우리나라의 석굴암과 불국사, 종묘, 대장경(판고 포함)과 해인사 등 문화재 3건이 '세계유산(The World Heritage)'으로 등록되었다.

석굴암과 불국사의 세계유산 등록은 통일신라시대의 이들 건축이 갖춘 조형미와 건축적 과학성 등이 세계적으로 인정된 계기가 되었다.

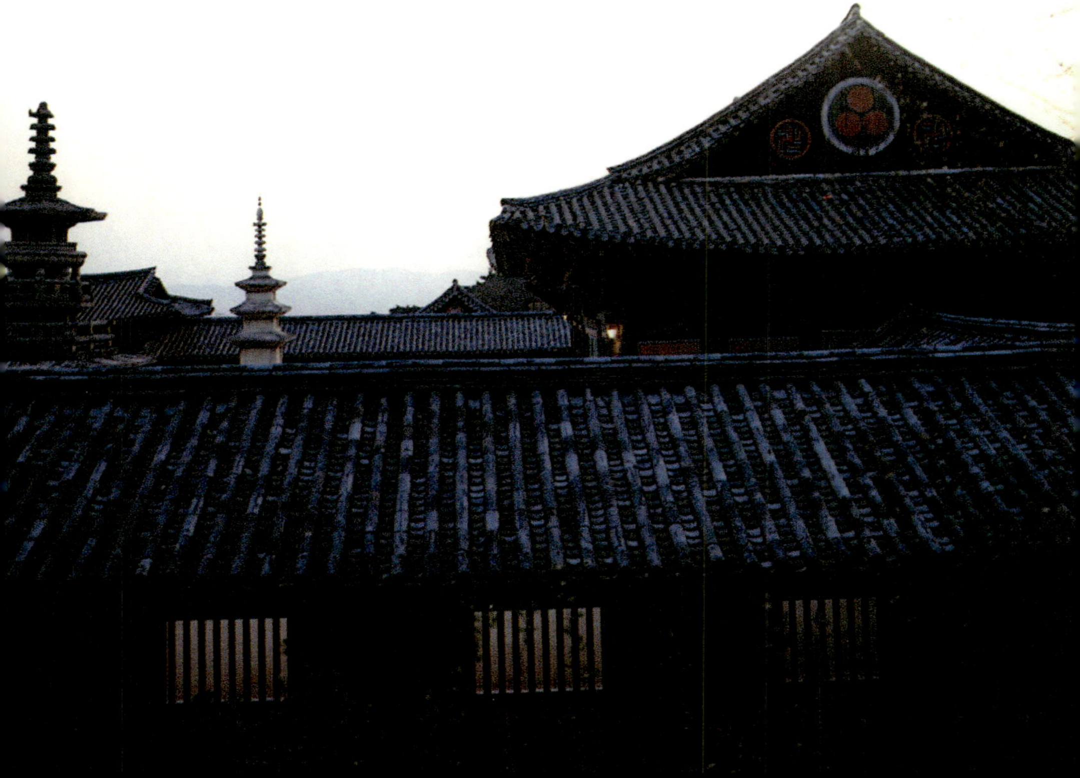

빛깔있는 책들 103-27

불국사

Pulguksa

초판 1쇄 발행 | 1992년 6월 30일
초판 9쇄 발행 | 2026년 2월 27일

글 | 김상현, 김동현, 곽동석
사진 | 김종섭, 곽동석

발행인 | 김남석
발행처 | ㈜대원사
주   소 | 06339 서울시 강남구 개포로 140길 32 원효빌딩 B1
전   화 | (02)757-6711, 6717
팩   스 | (02)775-8043
등록번호 | 제3-191호
홈페이지 | http://www.daewonsa.co.kr

값 13,000원

ⓒ Daewonsa, 1992

Daewonsa Publishing Co., Ltd.
Printed in Korea(1992)

ISBN | 89-369-0127-3 (00220)
          978-89-369-0127-1 (00220)
          978-89-369-0000-7 (세트)

빛깔있는 책들